언니는 주식으로 흥하는 중

• 이 도서의 국립중앙도서관 출판예정도서목록(CIP)은 서지정보유통지원시스템 홈페이지(http://seoji.nl.go.kr)와 국가자료공동목록시스템(http://www.nl.go.kr/kolisnet)에서 이용하실 수 있습니다. (CIP제어번호: CIP2020052246)

언니는 주식으로 흥하는 중

김옥진 지음

은행나무

일러두기
주식 및 경제 관련 전문용어의 띄어쓰기는 국립국어원의 개방형 한
국어 사전 '우리말샘'을 참고했으며, 실생활에서 일반적으로 쓰이
는 용례에 따랐습니다.

1장   **투자하기 좋은 날씨입니다**

11   백도 주식도 없던 내가

15   주식에 대한 편견은 그렇게 쌓인다

24   나도 한번 해볼까? 주식 투자!

33   첫 매수부터 매도까지

44   기회의 장, 미국이다

55   1캐럿짜리 다이아몬드 주식이 갖고 싶어

62   돈이 돈을 번다

76   주식은 흔들리는 갈대
                       - 코로나19가 쏘아올린 큰 공

2장　　　　　　　**아는 만큼 보인다 : 투자 적성 파악하기**

93　　　　　　　이제야 투자 방향과 목표를 고민하다

101　　　　　　　공부를 시작했다01
　　　　　　　　　- 기업의 어제와 오늘

110　　　　　　　공부를 시작했다02
　　　　　　　　　- 재무제표 활용하기

127　　　　　　　공부를 시작했다03
　　　　　　　　　- 기업과 사회의 미래

132　　　　　　　How만큼 중요한 Why

139　　　　　　　호랑이는 죽어서 가죽을 남기고
　　　　　　　　　나는 살아서 주식을 남긴다

149　　　　　　　이것만은 꼭! Do & Don't

3장 보이는 만큼 수익이 난다 : 정보 수집 습관화하기

158   잘 알지는 못하지만 눈은 뜬 것 같다

170   언제 들어도 슬픈 손절의 역사

180   나보다 앞서, 나보다 많이
     아는 사람들과 친해져라

188   배워서 남 주나, 매주 한 기업씩!

192   아파트 청약보다 어렵다는 주식청약

208   금단의 열매, 판도라의 상자
     '비상장주식'에 도전하다

219   거래는 돌이킬 수 없다

232   두드려라, 그러면 열릴 것이다

TIP

243   1. 주요 거래 용어

262   2. 투자상품 관련 용어

1장 투자하기 좋은 날씨입니다

인간의 욕망과 욕구를 해결하는 가장 기본적인 요건은 돈과 시간이다. 진로를 고민하며 나는 그 어느 것도 염두에 두지 않고 의사결정을 했다. 분명 하고 싶은 일이 있었고, 전공이야 뭐든 상관없다고 생각했다. 대학교 전공도 내가 할 수 없는—혹은 하고 싶지 않은—분야를 제외하고 남은 것들 중에서 얼추 접수가 맞는 '경영학'을 골랐다. '숫자'와 관련된 전공은 다 빼고 고른 결과라고 생각했다. 현실은 과목의 절반이 숫자이고, 또 나머지 절반은 효율과 효과를 지상 과제로 하는 그런 전공을 말이다.

그랬다. 숫자, 돈, 시간, 효율 그 어느 것도 생각지 않는 사람이 그 모든 것이 집약된 전공을 선택했다. 그리고 비효율의 끝판왕인 '예술'을 경영하는 것을 업으로 삼았다. 문화예술계는 늘 시간이 멈춰 있는 곳이었다. 세상은 빠르게 변하고 있지만, 예술가들의 욕구와 욕망은 대체로 돈보다는 예술적 영감을 세상에 내놓는 것에 있었다. 제작비가 올라가는 것은 알지만 육체가 늙어가는 것은 쉽게 잊어버리는 세계였다. 대놓고 돈과 명예를 좇는 것은 터부시하는 곳.

하지만 나는 보았다. 가장 가난하고, 가장 비효율적인 삶을 사는 그들도 결국 돈이 필요했다. 돈이 있어야 예술혼도 불태울 수 있었다. 아내 혼자 힘겹게 생업을 이어가는 동안 '존버'하다 어느 작품 하나로 대한민국에 모르는 사람이 없는 유명 인사가 되는 일도 허다했다. 이 모든 과정을 지켜보면서 자신의 직업을 '사행성 직업'이라고 말하는 이도 보았다.

한편 알고 보면 건물주, 의사, 교수의 자녀인 경우가 흔했다. 그건 이미 커리어의 정점을 찍고 '거장' 소리를 듣는 분들에게도 유효했다. 팔순의 노배우가 고등학교 2학년까지 아이스하키를 했다는 이야기를 들었고, 6.25 언저리에 10대를 보낸 여배우가 어려서는 승마를 하고 하얀 피겨용 스케이트를 가지고 있었다는 이야기를 들었다. 자본과 시간이 만나 완성하는 것이 예술이었고, 나는 그들 사이에서 돈이 없으면 결국 아무것도 하지 못한다는 사실을 뼈저리게 배웠다.

그들의 눈에 나는 별종이었다. 경영학과씩이나 졸업해서 왜 문화예술계에 들어오냐는 말을 숱하게 들었다. 그리고 그들의 첫 질문 중 하나는 "주식 좀 알아?", "그럼 회계는 좀 하나?"였다. 그들도 돈을 원했고, 주식이 궁금했고, 세법이 필요했다. 나는 예술가들이 하지 못하는 1인치를 채워주는 사람이었다. 관공서와 커뮤니케이션을 하고, 행정적인 업무를 진행하고, 문서를 만들고, 사람을 만났다.

그렇게 조금씩 천천히, 어쩌면 또래의 수많은 이들이 대학과 사회생활을 통해 빠르게 습득했을 많은 것들을 스스로 절실한 필요에 의해 하나씩 쌓아나갔다. 세금계산서를 발급하고 소득세 신고를 하면서 세무의 존재를 알았다. 회사에 소속되어 일하면서 연말정산이 무엇인지 배우기 시작했다. 연말정산의 프로세스와 법인세 산정의 프로세스가 크게 다르지 않다는 것도 배웠다. 물론 학교 다니면서 배운 것도 뒤늦게나마 도움이 되었다. 새로운 걸 배울 때마다 뇌 깊숙한 곳 어딘가에 숨겨놓았던 '경영학의 유전자'가 튀어나왔다. 정기적으로 소득이 발생하는 곳에 취업하고, 독립하면서 돈은 더욱 소중한 존재가 되었다.

예술계가 아닌 곳에서 만난 20대 중후반 후배들도 돈에 무지하기는 매한가지였다. 1억만 모으라는 나의 말에 '그렇게 큰돈을 어떻게 모으냐'고 대꾸하는 후배들에게 홈택스를 통해 지난 3~4년간의 소득 누계를 확인하는 법을 알려주었다. 그렇게, 이미 너의 손끝에서 1억에 가까운 돈이 스쳐 지나갔음을 상기시켜주곤 했다. 내가 처음부터 큰돈을 받던 사람이라서 너에게 이런 말을 하는 것이 아님을, 재테크가 부자들을 위한 것이 아님을, 너도 할 수 있음을 말하곤 했다.

이 글은 대단히 큰돈을 벌기를 희망하거나, 투자의 신이 되기를 바라는 사람을 위한 글이 아니다. 아무것도 모르는 사람이 너무 무겁지 않게 돈을 배우기를 바라는 마음에서 쓴 글이다. 돈 많은 사람을 위한 재테크 기술을 전하려는 것도 아니다. 나의 시행착오를 통해, 태어나 처음으로 돈을 배우고 주식을 배우기를 원하는 사람들이 같은 실수를 반복하지 않기를 희망한다.

국제통화기금 IMF International Monetary Fund. IMF의 자금이
한국에 들어온 1997년에 청소년기를 보낸 사람들에게
는 싸늘한 기억을 떠올리게 하는 이름이다.

기업들의 방만한 경영으로 국가 외환보유고가 바
닥나 모자란 외환을 국제통화기구로부터 자금을 유치했
다. 국가부도 사태를 겨우 모면한 1997년 겨울은 한국
현대 경제사상 가장 우울했던 시기였으며, 평범한 사람
들에게 손꼽히게 추운 겨울이었다. 이름만 대면 알 만한
대기업들이 줄줄이 도산했고, 환율은 급등했다. 기업은
비용 절감이라는 명목으로 대대적인 감원을 시작했고,
신규 채용은 당연히 불가능했다. 실직자와 백수가 도처
에 널렸다. 누구도 내일을 기약할 수 없었던 그 시절, '한

강의 기적'은 '한강의 기절'이 되어 평범한 대한민국 국민들을 무너뜨렸다. 그리고 우리 가족들도 그렇게 함께 아스러진 평범한 소시민이었다.

예나 지금이나 어디 내놔도 빠지지 않는 월급을 자랑하던 금융권 종사자였던 아버지는 드라마에 흔히 등장하던 '만년 과장'이었다. 중학교 때 엄마가 보여준 아버지의 급여명세서에는 3백만 원 이상의 금액이 월급으로 찍혀 있었다. 1990년대는 설령 고졸에 만년 과장일지라도 월 급여 3백만 원에 자녀 학자금을 대학교까지 전액 지원받던 시절이었다.

하지만 1백 년의 역사를 자랑하던 은행도 IMF의 위력 앞에는 별수 없었다. 승진이 늦었던 아버지는 명예퇴직자 명단에 들어갔고 명예퇴직으로 손에 쥔 것은 퇴직금과 위로금, 그리고 우리사주였다. 그때 처음 알았다. '우리사주'의 존재를. 기업은 회사의 주식을 직원들에게 나누어주고, 기업활동 성과가 개인의 재산 증식으로 이어지는 제도였다. 코스피지수가 무려 944.23으로 호황기의 정점이었던 1994년 8월에 1만 1천 원 대였었던 그 은행의 주가가 IMF 구제금융 직후인 1997년 12월 KOSPI 376.31였던 것을 감안하면 주가가 5천 원이었다

해도 감지덕지였을 터. 나의 어렴풋한 기억 속 주당 가격은 1천 원이 채 안 되었다.

아버지는 당신이 쥐고 있던 우리사주의 총액이 1천만 원밖에 안 된다며 더 떨어지기 전에 그거라도 팔아서 현금화하겠다고 하셨다. 가세가 기우는 와중에 집안에 현인이 있었으니, 바로 어머니. 어머니는 어차피 똥값 된 걸 팔아서 뭐 하느냐고 그냥 두라고 하셨지만 아버지는 결국 매도하셨다. 그 은행은 매각과 합병을 거쳐 다른 은행에 매각되어 10만 원이 넘는 주가를 찍은 바 있으니, 누군가는 헐값에 그 주식을 사서 부자가 되었을 것이다.

아버지는 하이닉스의 주주이기도 했다. 어머니가 "어차피 이미 손실이 났으니, 언젠가 시집 보낼 딸 결혼 자금으로 남겨두자"고 했던 하이닉스도 날아갔고, 매도 이후 하이닉스 주가도 하늘을 날고 있다. 몇 번의 실패에도 굴하지 않고 꿋꿋하게 주식 투자를 하셔서 날린 돈이 총 3억 원에 달한다 하니 가히 가족 구성원들의 인생을 바꿀 수도 있었던 선택을 하신 셈.

아버지는 안정 지향, 새가슴인 나에게 패가망신까지는 아니어도 가족의 인생을 바꿀 수도 있는 것이 주식임을 몸소 가르쳐주셨다. 대학에 들어가 경영학을 전공하며 투자론 시간에 접해본 모의 주식 투자는 그런 나의 막연한 생각을 공고하게 만들었다. 고민 없이 고른 아이템으로 수익률이 날 리 만무했고, '주식은 아무것도 모르는 개미들이 덤비면 안 되는 시장'으로 규정지어버렸다.

아버지와 나의 실패로 나의 유전자에는 투자 유전자가 없다고 단정했다. 나의 문제는 거기에 있었다. 막연하게 단정 지었다는 것. 나의 낮은 수익률이 유전자의 실패가 아닌 정보와 공부, 노력의 부재였음을 확인하는 데 꽤 긴 시간이 걸렸다.

코스피지수가 처음으로 2,000을 돌파하고 수많은 사람들이 주식시장과 펀드를 향해 불나방처럼 달려갈 때도 나는 꿋꿋했다. 어차피 펀드도 주식을 기반으로 한 투자 행위이니 크게 다르지 않을 것이라는—역시 막연한—확신을 가지고 있었다. 초단타 매매로 돈을 버는 사람들이 나타나도 흔들림이 없었다. 그런 방식의 부의 축적은 내 몫이 아니었다.

주식에 다시금 눈을 돌리기 시작한 건 SNS에서 본 글 때문이었다. 어떤 사람이 1년에 한 번씩 아모레퍼시픽 주가를 찾아서 올리는데 3년 연속 1백만 원씩 올라가고 있었다. 1백만 원에서 시작해 3백만 원까지 커지고 있음을 보여주는 타임라인의 마지막 멘션은 "나는 왜 작년에 주식을 사지 않고 이걸 올해 다시 보고만 있을까?"였다.

그때 '시간'이 눈에 들어왔다. 아버지가 포기하고 매도했던 우리사주도, 하이닉스도, 아모레퍼시픽도 쥐고 묵히면 돈이 될 수 있었다. 완전히 없어지는 회사가 아니라면 말이다. 5천 원에서 5만 원이 되는 드라마도 놀랍지만, 1백만 원이 3백만 원이 되는 순간은 기적처럼 보였다. 1~2년 정도가 아니라 5년, 10년이 지나 의미 있어지는 주식도 있다는 데까지 생각이 미치자 주식에 대한 관점이 달라졌다. 한 돈에 5만 원이던 금값이 십수 년이 지나 20만 원이 된 것처럼, '금' 같은 주식을 찾으면 되는 것이 아닌가. 안전자산의 성격과 유사한 주식. 인플레이션을 방어할 수 있는 주식. 그거면 해볼 수 있겠다 싶었다.

아버지가 27년간 몸담았던, 코스피시장 제1호 상장 기업(종목코드 000010), 대한민국 주식시장의 역사를 함께했던 1백 년 전통의 그 은행은 IMF를 거치면서 결국 다른 은행에 매각되었고 최종적으로 사라졌다. 그럼 대체 무엇이 '안전'의 기준인가, 하는 고민이 시작되었다.

주식

기업이 자금조달을 위해 회사 지분을 발행한 증권
이다. 쉽게 말하자면 기업의 지분을 판매해 자금
을 조달하기 위한 증서라고 할 수 있다. 기업은 증
권을 팔아 자금을 조달하고, 이렇게 조달된 자금을
통해 얻어진 수익을 주식을 보유한 사람, 즉 자본
조달에 기여한 사람들과 나누는 것이다.

이처럼 주식을 보유하고 있는 사람을 '주주', 주식
시장에서 거래되는 주식의 가격을 '주가'라고 한
다. 또한 주주가 보유한 주식의 비율만큼의 기업경
영의 의사결정권을 갖게 되며, 이윤을 주주들과 나
누는 것을 '배당'이라고 한다. 아무 기업이나 주식
을 거래소에서 사고팔 수 있는 것은 아니다. 일정
한 요건을 갖춘 기업만이 주식거래를 할 수 있으
며, 이러한 기업이 주식시장에 진입하는 것을 '상
장'이라 한다.

한국의 주식시장은 크게 일반적으로 널리 알려진
기업들이 상장된 코스피시장과 코스피시장에 상

장은 어렵지만 유망한 벤처기업이나 중소기업 등
의 주식을 거래하는 코스닥시장이 있다.

주가지수

한국거래소에 상장 및 등록되어 있는 주식의 가격
을 통해 전반적인 주가의 동향을 보여주는 지표이
다. 코스피시장과 코스닥시장은 모두 각각의 지수
가 존재하며, 특정 시점을 기준으로 현재의 시장가
치를 판단하는 것이다. 코스피는 1980년 1월 4일,
코스닥은 1996년 7월 1일을 기준 시점으로 한다.
코스피지수를 예로 들어 설명하자면 1980년 1월
4일 이후 특정 시점의 주가지수가 1,000이라고 한
다면, 당시 주식시장의 시가총액은 1980년 1월
4일의 10배가 됨을 의미한다.

우리사주

임직원에게 자사주를 취득하게 하는 제도이다. 임직원이 우리사주조합을 설립하여 자기 회사의 주식을 취득, 보유하는 것으로 근무 기간 중에는 우리사주조합에서 관리를 한다. 일반적으로 시가보다 낮은 가격에 매입할 수 있다는 장점이 있지만, 일반적인 주식거래처럼 바로 사고팔 수 없는 경우가 대부분이다. 퇴사나 주택 구매 같은 특별한 사유가 아니면 1년 이상 보유해야 한다.

트위터를 시작했다. 허허실실 웃고 떠들고 술 마시는 데 딱 좋았다. 사람들을 만났고 대개 비슷한 일을 하거나 비슷한 사고를 가진 사람이었으나, 그렇지 않은 사람도 있었다. 트위터 친구인 A가 그랬다. 나는 아직도 그가 정확히 어떤 일을 하는지 모르겠다. 아마도 개인 사업을 하는 것으로 추정한다. 띄엄띄엄 올리는 경제 관련 코멘트들이 재미있어 팔로잉을 시작했다. 주식을 다시 보기 시작한 건 A가 올린 글을 통해서였다.

　　어느 날, A는 과거의 코멘트를 다시 끌고 와 이렇게 말했다. "아모레퍼시픽. 난 왜 매년 지켜보면서 사지 않고 있을까?" 그렇게 A가 올린 글을 타고 타고 올라가니 3년 전 주가는 1백만 원, 2년 전 주가는 2백만 원, 그리고 그 글을 본 시점의 주가는 3백만 원이었다.

막연하게나마 주식은 손대면 안 되는 거라고 생각했다. 주식은 한 주에 몇만 원, 비싸봐야 몇십만 원이라고 생각했다. 그런 세계는 가까이하면 안 된다고 생각했다. 그러나 그런 나의 생각은 그 글 하나로 바뀌었다. 어려서 멀리서 바라본 주식은 초단타 매매로 하루에 기껏해야 수십만 원의 수익을 올리기 위해 모니터 앞에서 하루 종일 눈알 빠지게 시세를 확인하는 것이라고 생각했다. 폐인이 되는 지름길. 그게 주식이었다.

하지만 만약 주가가 1년에 1백만 원씩 오르는 거라면, 그리고 그게 1백만 원이 아니라 50만 원이라 할지라도 꾸준히 2년~3년의 시간을 갖고 지켜볼 수 있다면 괜찮은 투자가 아닌가?라는 생각이 들었다. 그렇다면 그건 투기가 아니라 투자라고 볼 수 있지 않을까? 3백만 원이라니. 만약 내가 1백만 원으로 3년 전 저 주식을 샀다면 지금 세 배가 되어 있을 것이다. 무엇보다 주식이 굴러가는 단위가 매력적이었다. 누구나 들으면 알 만한 기업이 만들어내는 확실한 성과가 반영되는 시장.

생각이 여기까지 미치자 주식을 한번 직접 사보고 싶어졌다. 주식은 예나 지금이나 나에게 '온라인쇼핑'

같은 존재이다. 그렇게 좋은 것이라면 나도 한번 가져보고 싶었다. 갖고 싶었다. 하지만 3백만 원이라니. 나에게는 말도 안 되는 금액이었다. 최소한 1년간 한 달에 30만 원씩 모아야 손에 쥘 수 있는 돈. 예술가들과 함께하는 삶을 사는 나에게는 너무도 부담스러운 금액이었다. 하지만 저게 아니면 의미가 없었다.

나는 에르메스나 샤넬이 아닌 바에야, 명품 백도 유효기간이 3년을 넘기지 못한다는 것을 잘 안다. 3년짜리 잇 백It Bag 하나를 2백만 원에 사느니, 언젠가 돈을 모아 1천만 원짜리 에르메스 백을 사겠다고 생각했다. 어차피 갖지 못할 거라면 확실하게 선을 그어두는 것이 어설픈 물욕을 가라앉히는 데 큰 도움이 된다. 아모레퍼시픽이 그런 존재였다. 에르메스 백. 소위 말하는 블루칩. 20만 원짜리 주식 1주 살 돈도 없는 주제에 3백만 원짜리 주식이 갖고 싶었다. 하루 벌어 하루 먹고사는 팔자에 가당치도 않은 돈이었다.

그렇게 주식에 대한 마음을 조금씩 가다듬어갈 때쯤 남자 친구가 생겼다. 대학원에서 만난 그는 함께 입학한 동기였다. 다들 휴학과 복학을 반복했지만 나는 2년 안에 수료, 3년 안에 졸업(논문 작성)을 목표로 달리고 있었다. 그도 나와 함께 2년간 휴학 없이 학기를 마친 상태였다. 하지만 졸업의 길은 험난했다. 논문 주제를 잡기도 힘들었고, 주제를 정했다 하더라도 날이 좋으면 좋아서, 날이 흐리면 흐려서 쓰기 힘든 것이 논문이었다. 혼자서 하는 엉덩이 싸움은 지루하기 짝이 없었고 진도도 얼른 나가지 않았다.

그래서 우리는 내기를 했다. 졸업장을 먼저 받는 사람에게 '목돈'을 주기로. 난 50만 원을 불렀고, 남자 친구는 그 정도 금액으로는 동기부여가 전혀 안 된다며 250만 원을 불렀다. 내기를 하기 몇 주 전 백화점에서 본 발렌시아가 모터백, 그해 한정판인 파이톤 버전의 50% 할인가가 250만 원이었다. 내가 홀린 듯 매장으로 빨려 들어가는 모습을 본 탓이다. 그렇게 큰돈을 정말 걸겠느냐고 몇 번을 되물었지만 그의 생각은 변함이 없었다.

우여곡절 끝에 먼저 졸업장을 손에 쥔 건 나였고, 기어이 250만 원을 받아냈다. 그리고 생각했다. 이 큰돈으로 정말 가방을 사는 것이 맞는가.

때마침, 아모레퍼시픽의 주식을 1/10으로 액면분할했다는 소식이 들려왔다. 1/10이라고 해도 한 주에 30만 원은 족히 되는 돈이었다. 그동안 그렇게 갖고 싶

었던 에르메스를(비록 액면분할로 예전의 그 맛은 아니지만) 살 수 있다는데 고만고만한 잇 백이 웬 말인가.

나는 그길로 S 증권으로 향했다. S 증권의 CMA 체크카드가 대한항공 마일리지를 쌓아주는 체크카드 기능을 한다는 것이 이유였다. 온라인에서 비대면으로 계좌를 만들었지만, 체크카드는 영업장에 직접 방문해야 만들 수 있었다. 마일리지를 위해 S 증권으로 향했다. 계좌를 만들고 체크카드를 받았다. 그때 알았다. 내가 비대면으로 만든 주식거래 계좌와 CMA 계좌는 다르다는 것을. 다 같은 통장인 줄 알았지, CMA는 뭐고 주식거래용은 또 뭐란 말인가. 나는 늘 이것저것 이름만 어설프게 들어본 헛똑똑이였다.

FACT CHECK

계좌 개설 그리고 증권사의 선택

과거에는 주식 계좌를 개설하려면 꼭 영업장에 방
문해야 했지만, 요즘은 증권사 어플만 깔면 비대면
으로 쉽게 주식 계좌를 개설할 수 있다. 어차피 거
래를 하려면 어플은 필요하다. 비대면 계좌 개설은
일반 모바일뱅킹의 통장 개설과 다르지 않다. 신분
증만 소지하고 있다면 크게 번거롭지 않으니 바쁜
직장인이라면 비대면 개설을 추천한다. 만약 해외
주식거래를 하고 싶다면, 증권사마나 주식거래가
가능한 국가가 조금씩 차이가 있으니 미리 확인하
기 바란다.

주식을 거래할 때도 비용은 발생한다. 먼저 주식수
수료가 있다. 사는 것(매수)이든, 파는 것(매도)이
든 주식수수료는 발생한다. 매수 금액에 수수료율
을 곱해 계산하는 방식인데, 수수료율은 증권사마
다 다르고, 비대면계좌인지, 모바일트레이딩인지
에 따라서도 달라진다. ATM을 이용할 때 수수료
내는 것과 비슷하다고 생각하면 된다. 그래서 수익

률을 계산할 때 주식수수료도 함께 고려해 계산해야 한다. 주식 수수료는 금융투자협회 웹사이트를 통해 확인할 수 있다. 또한 이벤트를 통해 수수료 평생 면제 조건으로 계좌 개설이 가능하기도 하다. 이때 확인해야 할 내용은 무료가 적용되는 범위이다. 국내에 국한하는지, 해외 거래에 한하는지, 은행 연계 조건은 없는지 등 단서 조항을 확인하기 바란다.

주식거래의 비용은 수수료가 아니다. 매도 시에는 세금도 발생한다. 증권거래세라고 한다. 이는 매도 약정대금의 0.25%이다. 매도 행위 자체에 매기는 세금이기 때문에 수익 여부와 무관하다. 수익이 발생하면 1년에 한 번, 주식거래를 통한 소득이 기준 금액을 넘어서는 경우 별도로 양도소득세를 부여한다. 모든 거래에는 수수료와 세금이 발생한다. 이 모든 비용을 공제한 후에 남는 금액이 바로 실질 수익률이다.

CMA통장

흔히 증권사의 입출금통장이라고 알려진 CMA 통장은 'Cash Management Account'의 약자이다. CMA 통장은 기능적으로는 일반 은행의 입출금통장과 크게 다르지 않다. 지로, 공과금 납부, 신용카드 연동까지 대부분 가능하다. 차이가 있다면 CMA 통장에 들어간 돈은 증권사에서 운영하는 채권 등에 투자하는 데 사용된다는 것이다. 안정적인 투자를 전제로 하는 상품이기 때문에 CMA 통장의 종류에 따라 '원금손실'의 가능성이 있다. 일반 은행 입출금통장보다는 금리가 높지만 원금손실이 가능한 상품이 있기 때문에 본인이 개설하는 CMA 통장의 종류가 무엇인지 확인해둘 필요가 있다.

사실 펀드가 한참 유행할 때, 어려워서 손도 못 대고 있다가 유일하게 한번 시도해본 게 '인덱스펀드'였다. 코스피지수를 지표로 하는 펀드라고 이해했다. 돈을 넣었고 나는 매일매일 코스피가 올랐는지 떨어졌는지를 확인하고 있었다. 그리고 1년도 채 되지 않아 정리해버렸다. MMF도 해본 적이 있었다. 목돈을 지긋이 넣어주면 은행 이자보다 낫다는 말에 시작했던 것이었다. 얼마 안 되는 그 목돈은 역시 여행을 위해 해지했고, 수익은 매우 미미했다.

그렇다. 나는 투자라는 것이 가진 위험을 안고 갈 멘털이 없었다. '하이 리스크 하이 리턴'이라는 말이 가진 의미를 너무 잘 알았다. 당시 나의 상황과 맞지 않는 투자 방법이었다. 나는 돈이 없었고, 1만 원만 사라져도 바들바들 떠는 상태였다. 손실 그 자체를 거부하는 사람이었기에 가장 보수적인 선택을 한 것이 '인덱스펀드'였지만 요동치는 주식시장을 바라보는 것만으로도 충분히 간이 쪼그라드는 새가슴에게 서스펜스의 희열은 어불성설이었다.

　그랬던 내가 주식을 시작했다. 설렜다. 그렇게 애가 달았던 에르메스 백을 이렇게 갖게 되다니. 하지만 난 잊고 있었다. 내가 얼마나 리스크에 민감한 인간인지. 복기해보자. 나는 트위터를 통해서 아모레퍼시픽 주가가 매년 1백만 원씩 늘어났다는 사실 하나로 저 주식을 갖고 싶어 했다. 그리고 액면분할을 통해 접근성이 높아진 아모레퍼시픽 주식을 구매했다. 그 말은 나는 해당 기업과 관련된 그 어떤 정보도 고려하지 않고 주식을 매입했다는 뜻이다. 기업의 실적, 비전, 목표, 현황 그 어느 것도 알아보지 않고 정한 결정이자 무지의 소산에 확신이 있을 리 없다. 나는 쓸데없이 시세를 수시로 검색하고 있었다. 장기투자로 가자고 마음먹고 구매한 주식인데 말이다.

　2017년 3월 27만 7천 원에 매수한 아모레퍼시픽 주식은 딱 1년 만에 30만 5천 원에 매도할 수 있었다. 수익률만 생각하면 10% 정도 수준은 된 셈이다. 아무리 높은 금리를 찾아도 1년 정기예금 10%짜리는 어디에도 없었다. 하지만 난 그 1년이 참 길었다. 매일같이 주가의 변화를 확인하고 또 했다. 1백만 원이 3백만 원이 되는 마술을 기대했던 나는 만족할 수 없었다. 욕심이었다.

액면분할 직후의 아모레퍼시픽은 이전과는 사뭇 다른 분위기였다. 당시 정권에서 '사드'를 국내에 배치하겠다고 했고, 중국 정부는 한국과 관련한 각종 사업에 태클을 걸기 시작했다. 내가 아모레퍼시픽 주식을 매입한 시기는 사드로 인해 한참 민감했던 시점이었다. 정권은 바뀌었지만, 사드에 대한 대응은 미진했던 그런 시기였다. 그리고 아모레퍼시픽이 핫했던 이유 중 하나는 중국 매출이 남달랐기 때문이었다. 아모레퍼시픽의 브랜드들이 중국 시장에서 먹혔고, 폭발적인 매출을 보여준 결과였다. 그리고 사드로 인해 중국 매출이 급감했고 주식은 크게 오르지 못하고 그저 잔잔하게 버텼다.

아모레퍼시픽은 한때의 '사치품'이 되었다. 마치 중고 장터에 나온, 한물간 가방을 산 꼴이었다. 관심 주식으로 함께 지켜보고 있던 LG생활건강의 주가가 70만 원

에서 120만 원으로 급상승하는 것을 지켜보면서 분통이
터지지 않았다고 하면 거짓말일 것이다. 사드 배치로 인
해 중국 화장품 시장이 한풀 꺾인 후에도 여전히 생활용
품 등으로 선전하는 LG생활건강을 지켜보면서, 뒤늦게
LG생활건강 차석용 부회장에 대한 책을 읽으면서 나의
선택이 얼마나 감정적이고, 한풀이에 가까웠는지 알 수
있었다.

　그랬다. 나는 끝물을 탄 것이었다. 생각해보면 나는
'끝물 전문'이었다. 내가 함께 일했던 회사나 단체들은
하나같이 한때 잘 알려졌던, 나름 정점을 찍었던 곳들이
었다. 그 말인즉 정점이 유지되기보다는 내리막일 확률
이 높다는 뜻이었다. 안정 지향인 나는 일을 하는 데 있
어서도 '안전'을 선택의 최우선 순위로 두었다. 그러한
성향은 주식 매수에서도 나타났다. 와중에 10%의 수익
이라도 난 건 다행인 일이었다. 20만 원도 안 되는 주가
를 보여주는 아모레퍼시픽의 오늘을 보면 10%의 수익
을 안고 매도한 것이 다행이라는 생각도 든다. 장기로
가보겠다고 안고 갔다면 크게 후회했으리라.

　그렇게 나는 인생 첫 에르메스 백(?)을 미련 없이
팔아치웠다. 3년이 훌쩍 지난 어느 날, 내가 갖고 싶어

했던 바로 그 발렌시아가 모터백 파이톤 모델을 중고 장터에서 50% 할인가에 또다시 50%가 매겨진 걸 보면서 만약 그때 정말로 250만 원을 들고 가방을 샀다면 어땠을까 하는 생각이 들었다. 그리고 생각했다. 역시 백을 사지 않은 건 잘한 일이야. 주식을 안 샀다면 금이라도 샀어야 했다. 발렌시아가 따위. 이제 다음 '백'을 향해 나아갈 차례이다.

액면가 / 주가 / 상한가 / 하한가 / 액면분할
한눈에 읽기

액면분할이란 주식의 액면가액을 일정한 비율로 나누어 주식수를 증가시키는 것이다. 액면가란 주식회사를 설립할 때 정한 1주의 가격이다. 예를 들어 1만 원짜리 주식을 10분의 1로 나누어 1천 원짜리 10주로 만드는 경우이다. 액면가를 일정한 비율로 단순히 나눈 것이기 때문에 주주의 입장에서 자산가치의 총액에는 변동이 없다.

하지만 우리가 흔히 알고 있는 '주가'는 액면가가 아니라 시가이다. 횟집 메뉴판에 붙어 있는 바로 그 '시가' 말이다. 횟집의 시가가 매일 변하듯, 주가도 시시각각 다르다. 매일의 기업 대내외 상황으로 인해 발생하는 주식의 수요·공급의 균형점, 즉 시장에서 거래가 되는 가격이 바로 주가다. 주식 한 주의 액면가는 5천 원에서 시작하지만, 기업의 성장 가능성, 매출 등의 요소들이 충분히 매력적이라면 수요가 많아지고 자연스럽게 주식의 가격은 올라간다.

수요와 공급이 만나는 지점이 '주가'라면 경쟁이 치열해지면 치열할수록 무한히 올라갈 수 있다. 그러나 하루에 거래할 수 있는 가장 높은 가격의 수준을 정해 시장 과열을 방지하고 있으니 이를 '상한가'라고 한다. 반대로 '하한가'를 정해 투자자를 보호하고 있다. 상한가와 하한가는 모두 전일 종가의 30%로 규정되어 있다.

특정 기업의 주식이 인기가 매우 높아 주가가 1백만 원대가 넘어가면 목돈이 없으면 아무나 살 수 없는 주식이 된다. 이걸 흔히 황제주라고 부른다. 누군가에게는 한 달치 월급에 해당하는 돈을 주식 한 주를 사는 데 쓰게 될 수 있는 것이다. 그렇게 되면 평범한 투자자들이 투자하기 쉽지 않은 주식이 되고, 자연스럽게 거래량이 줄어든다. 한 주에 1백만 원이라면 고작 10주를 사는 데 1천만 원이 드니 말이다.

그럴 때 진행하는 것이 바로 액면분할이다. 주식 가격의 변동 없이 액면가를 특정 비율로 낮추는 것이다. 그러면 주식 총액은 변함이 없고 주식의 숫자만 늘어난다. 만약 A 씨가 10만 원짜리 주식 10주를 갖고 있고, 이를 1/2로 액면분할한다고 하면, A 씨는 5만 원짜리 주식을 20주 갖게 되는 것이다. 액면가는 5천 원에서 2천5백 원이 되는 셈이다. 2000년 SK텔레콤이 주당 5백만 원일 때 액면분할을 진행한 바 있으며, 2015년 아모레퍼시픽(주당 280만 원), 2019년 삼성전자(주당 280만 원)가 액면분할을 진행한 바 있다.

주식 차트 어떻게 읽어야 할까?

주식 차트를 열었을 때 가장 먼저 눈에 띄는 것은 바로 색깔이다. 일반적으로 차트에서 빨간색과 파란색으로 표시된다. 빨강은 상승을, 파랑(혹은 초록)은 하락을 의미한다.

여기에 막대 모양으로 고가와 저가, 종가와 시가 등을 표기하는 것이 바로 '봉차트'이다. 우리나라

주식시장의 개장 시간은 오전 9시부터 오후 3시
30분까지이다. 차트에서 보여주는 봉의 길이는 '하
루'의 거래금액을 말한다. 시가는 그날의 시작 가
격, 종가는 장이 끝나는 시점의 가격, 고가와 저가
는 각각 일일 최고가와 최저가를 말한다. 막대와
막대 위아래에 붙은 가느다란 선의 길이로 그날 거
래금액의 진폭을 보여준다.

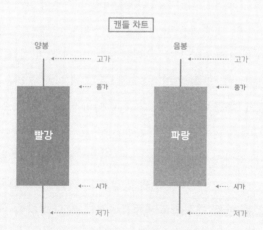

| 캔들 차트 |

내기로 250만 원이 물린 그 남자는 오늘 나와 함께 한집에 사는 남편이 되었다. TV만 틀어놓으면 넋이 나가는 뺀질뺀질한 내 덕에 우리 집에는 TV가 없다. 그렇다고 심심한가 하면 그렇지 않다. 우리에게는 넷플릭스가 있다.

봉준호 감독의 영화 〈옥자〉를 보기 위해 우리는 넷플릭스 앱을 다운로드했다. 손바닥만 한 아이패드로 보는 영화가 익숙하지 않았지만, 밖으로 나가기는 더 귀찮았다. 영화사에 넷플릭스는 큰 의미를 지닌 기업이 되었다. 막대한 자본력으로 세계 영화판에서 제3세계나 다름없는 한국 영화감독에게도 6백억 원을 과감히 던질 수 있는 기업. 영화관이 아닌, 애플리케이션을 통한 영화를 과연 영화로 보아야 할 것인가에 대한 논란을 만든 회사. 영화에 대한 패러다임을 깨버린 회사. 나는 여기에서 새로운 에르메스 백을 봤다.

"이거 주식거래 가능해? 지금 주가 얼마야?"

120달러. 우리가 넷플릭스의 주식을 처음 확인했을 때 주가는 120달러였다. 신랑에게서 넷플릭스가 대세라는 말을 듣자마자 난 현금이 없으니 당신이 주식을 사라고 말했다. 하지만 잊고 있었다. 우리 집에서 추진력은 내 담당이라는 것을.

어느 날 문득 궁금해서 뒤져본 넷플릭스의 주가는 140달러였다. 당연히 신랑은 사지 않았고…… 난 그 자리에서 아모레퍼시픽 주식을 정리하고 넷플릭스를 사겠다고 선언했다. 나의 첫 번째 에르메스 백은 그렇게 매도되었다. 지지부진한 아모레퍼시픽은 더 이상 필요가 없었다. 나는 반짝반짝한 신상을 원했다. 그리하여 아모레퍼시픽 매도금을 손에 쥔 그날, 어플을 켜고 넷플릭스 주식을 사기에 이르렀다.

물론 시행착오가 없었던 것은 아니다. 해외주식에 대한 최소한의 이해조차 없었다. 넷플릭스 주식을 매수할 수 있었던 미국 시장은 미국에서도 뉴욕의 오전 9시에 시작한다. 이것마저 몰랐던 나는 바보같이 낮에 어플을 켜서 구매 시도를 했었다.

시행착오는 여기에서 멈추지 않았다. 국내 주식거래는 '원' 단위로 이루어지지만, 해외 주식거래, 특히 미국은 '달러'로 사야 한다. 그 말인즉 내가 매도한 금액을 환전해야 한다는 뜻이었다. 마음만 급했던 나는 매수 버튼을 열심히 눌렀지만 나의 잔고는 달러가 아닌 원화였기에 거래가 불가능했다. 내가 거래할 금액만큼 환전해야 했고, 그 금액이 환전되는 사이 내가 매수하고자 했던 주식의 금액이 변화하는 바람에 소액이긴 하나 추가로 환전을 더 했어야 했다. 환장 포인트는— 너무 당연하게도— 환전에도 수수료가 발생한다는 사실이었다. 한꺼번에 하든 나눠 하든 큰 차이가 없을 아주 미미한 금액이었을지언정, 눈앞에서 수수료가 두 번 나가는 걸 보는 기분은 매우 유쾌하지 않다.

밤 11시에 침대에 드러누워 환전까지 마무리해 매수한 넷플릭스는 당시 최고로 핫한, 반짝반짝한 초신상이었다. 나 같은 생각을 하는 사람이 나 하나는 아니었다. 해외 주식을 언급할 때 빠지지 않는 아이템이 넷플릭스였다. 180달러에 매수한 넷플릭스는 한때 4백 달러까지 올랐다. 밥을 안 먹어도 배부르다는 말은 이럴 때 쓰는 말이었다. 새로 산 백을 진열장 위에 올려두고 어루만지듯 주가를 검색했다. 하지만 그때는 몰랐다. 넷플릭스가 에르메스가 아니라 샤넬이었다는 사실을. 그리고 여전히 나는 기업에 대한 그 어떤 정보도 검색하지 않고 '직관'으로 종목을 결정했다는 사실을.

난 내가 모르는 회사의 주식을 사는 것을 싫어했다. 내 손에 잡히는, 일상에서 만날 수 있는 강력한 무언가를 선호했다. 그래도 매출이나 순이익 정도는 검색해볼 만한데 언제나 공부는 남 일이었다.

넷플릭스를 매도할 시점은 4백 달러에서 한풀 꺾인 지점이었다. 350달러 정도에 매도했는데, 나는 여전히 4백 달러의 환상에 사로잡혀 있었다. 하지만 그런 순간은 쉽게 오지 않는다. 깔끔하게 포기하고 매도했다. 환율에 큰 변화가 없었기 때문에 매도해서 손해라는 느낌은 아니었다. 만약 그 와중에 환율이 매우 떨어진 시점이었다면 너무 억울했겠지.

안타까운 점은, 애매하게 주식 양도소득세 부과 기준 금액을 넘겨버려 얄짤없이 세금을 내야 했다는 것이다. 다른 주식으로 갈아타기 위한 매도였기 때문에 내

손에 실질적으로 들어오는 수익은 없었는데 세금을 내려니 아깝기 그지없었다. 심지어 주식 양도소득세는 불로소득인 탓에 세율도 꽤 높다. 그나마 다행인 건 최소한 소득세 신고를 내가 하지 않아도 된다는 것 정도. 내가 거래하던 증권사는 종합소득세 신고 기간에 주식 처분 양도소득세 신고 대행을 무료로 진행해주었다. 신고서까지 깔끔하게 정리해서 보내주니 편하긴 했었다.

해외 주식거래의 특징

해외 주식거래의 가장 큰 차이점은 거래시간과 환율이다. 많이들 하는 미국 주식은 특히 밤 11시가 넘어가야 장이 열린다. 밤잠이 없는 사람에게는 문제가 없지만, 나처럼 11시만 되면 빌빌대는 인간에게는 정신을 바짝 차리기 힘들다는 단점이 있다. 장점이라면 전문 투자자가 아닌 바에야 밤새도록 주식 차트를 보고 있지는 않으니 거래 체결 여부만 확인하고 앱을 끄는 것이 밤잠을 지키는 비결이다. 이게 뭐 그리 큰일이냐 싶겠지만, 얼마나 숱하게 매도 시점을 놓쳤는지 헤아릴 수조차 없는 나 같은 사람에게는 꼭 이야기해주고 싶다. 그것도 고작 '잠'을 이기지 못해서 말이다.

또 하나의 변수는 환율이다. 1백 달러짜리 주식 한 주를 산다고 해도, 원달러환율에 따라 수익률 10% 정도는 우습게 날아갈 수 있다. 원달러환율 1천1백 원에 1백 달러짜리 10주를 샀다고 가정해보자. 매수 당시의 투자액은 110만 원이다. 만약 이 주식을 동일한 환율 1천1백 원일 때 110달러에 매도했다고 한다면 매도 후 손에 쥘 수 있는 금액은 121만 원으로 수익은 11만 원이다. 하지만 환율이 1천 원이 된다면? 수익은 고작 1만 원에 불과하다. 수수료와 이자, 그리고 매매를 위해 노력한 나의 노동력의 가치 등을 감안하면 비록 주가는 올랐지만 실질적으로는 마이너스인 셈.

해외 주식거래를 할 예정이라면 해당 국가의 환율이 낮을 때 미리 환전해두는 것을 추천한다. 어느 지점이 저점인지는 투자 주체가 스스로 정해야 할 문제이지만 말이다.

주식 양도소득세

대한민국, 아니 세상 어디더라도 소득에는 소득세가 붙는다. 주식 투자를 통한 소득은 불로소득으로 보고 세율이 더 높다. 주식거래에서 피할 수 없는 것이 바로 세금이다. 거래 기록이 매우 명확하게 남기 때문이다.

일반적인 양도소득세는 양도를 하는 행위 시점을 기준으로 세금이 매겨진다. 부동산을 처분하면 처분 금액과 매입 금액과의 차액을 기준으로 바로 세금이 발생된다. 월급명세서에도 명확하게 나오지 않는가. 하다 못해 과자 한 봉지를 사도 10%의 세금은 부과된다.

하지만 주식은 세금을 부과하는 시점이 다른 소득세와 조금 다르다. 매수와 매도의 시점이 워낙 유동적이기 때문에 매번 세금을 매기게 된다면, 손실과 이익이 빈번히 발생하는 주식거래의 특성상 비효율적인 행정이 발생할 가능성이 크다.

하여 주식의 경우는 매년 1월 1일부터 12월 31일까지 1년간 거래한 총금액을 합산하여 주식거래를 통한 소득금액이 일정 기준을 초과할 경우 주식처분 양도소득세를 낸다. 아직까지 국내 주식은 종목 지분율 1% 이상 혹은 10억 원 이상의 대주주가 아닌 바에야 주식양도세를 내지는 않지만, 해외 주식은 250만 원 이상의 수익이 날 경우 그중 22%를

양도세로 내야 한다. 그러나 이 또한 법 개정이 예
정되어 있으므로 소액투자자들에게 영향이 미칠
지의 여부는 지켜볼 필요가 있다.

만약 누군가가 A 주식은 4백만 원의 수익을, B 주
식은 3백만 원의 손실을 보았다면, 그 사람이 주식
을 통해 거둔 실질적인 소득은 1백만 원이다. 이 경
우에는 주식 처분 양도소득세가 부과되지 않는다.
그러나 주식매매 결과의 총합이 공제 기준 금액을
초과하면 차액 총량을 기존으로 양도소득세를 부
과하게 된다. 다시 정리하면, 매도할 때마다 0.25%
의 증권거래세를 내고, 1년에 한 번 주식거래를 통
한 실현이익이 기준점을 넘어서면 세금을 내야 한
다. 물론 배당도 배당소득세를 낸다.

잊지 마라. 모든 거래 행위의 진정한 승자는 바로
정부다.

나의 넷플릭스 매수·매도는 약간의 아쉬움은 있지만 꽤 높은 수익률을 보여주었다. 180달러에 매수한 것을 3백 달러를 훌쩍 넘겨서 매도했으니 말이다. 투자금 자체가 소액이었던 게 문제였을 뿐, 수익률로만 따지면 손에 꼽을 놀라운 성적이었다. 초심자의 운이라 했던가. 그렇게 드라마틱한 수익은 딱 거기까지였다.

　미국에서 대마초가 합법화된다며 이 주식은 꼭 사야 한다고 남편이 추천한 종목은 매수하고 한 달 만에 반토막이 났다. 물론 소액 투자였고, 또 주가도 높지 않았지만, 남편은 자신이 강력 추천한 종목이 반토막이 났다는 사실에 이미 의기소침한 상태였다. 반토막인 상태를 꿋꿋하게 버텨 그래도 약간의 이자 정도는 수익을 보고 정리했다. 대마초 관련한 다른 기업의 주식을 샀지만 심지어 -70% 수준으로 떨어진 상태. 그냥 버려놨다. 어차피 망한 주식이다.

이제는 내가 잘 모르는 회사나 사업의 주식은 손대고 싶지 않았다. 매수 후 고민 없이 몇 년을 방치해도 여전히 빛나는 다이아몬드 같은 주식을 사야겠다는 생각을 했다.

넷플릭스로 미국 주식에 눈을 뜬 나는 다른 사람들은 어떤 주식을 구입하는지 궁금해졌다. 그렇게 뒤져보다 발견한 것이 흔히들 'FANG'이라고 부르는 페이스북, 아마존닷컴, 넷플릭스, 구글 같은 우량주들이었다.

제일 먼저 관련 자료를 찾기 시작한 것은 구글이었다. 과거 나에게 구글은 당최 뭘 하는지 알 수 없는 회사였기에, 관심 밖에 있었다. 하지만 그런 구글의 입지는 '이세돌과 알파고의 대결'로 인해 나에게 좀 다른 위상을 갖게 되었다. 하지만 구글을 아무리 뒤져도 주식시장에서 검색되지 않는다. 구글은 우리가 아는 GOOGLE로 상장하지 않은 탓이다. Alphabet Inc라는 이름으로 상장이 되어 있었고, Alphabet Inc는 구글을 비롯한 관련 자회사들이 모여 설립한 기업이다. 알파고와 이세돌 대전

당시 구글의 주가는 약 780달러 선. 지금은 등락을 거듭한 끝에 1천2백 달러 정도이다.

페이스북은 마크 저커버그의 행보가 그다지 마음에 들지 않아서 패스, 넷플릭스는 매도한 상태여서 다시 매수할 생각이 없었고, 남은 것은 아마존닷컴이었다. 2016년 3월을 기준으로 6백 달러도 채 되지 않던 아마존닷컴의 주가는 현재 2천2백 달러 선이다. 매수를 고려했던 시점은 1천9백 달러를 찍은 상황. 그랬다. 미국 주식에서 에르메스 백은 아마존이었다. 나는 회사의 비전이나 영업이익, 경영 목표 등은 전혀 고려하지 않고 높은 주가를 보며 탐내기 시작했다. 하지만 한 주에 2백만 원 가까이 하는 주식을 무슨 수로 산단 말인가. 가지고 있는 주식을 정리하지 않고서야 어쩔 도리가 없는 주식이었다. 그래서 넷플릭스를 정리하고, 가지고 있던 현금을 모아 1천9백 달러를 훌쩍 넘어선 아마존닷컴 주식을 매수했다. 무슨 돈이 있겠는가. 다해서 10주도 안 되는 수량이건만 손을 바들바들 떨면서 매수 버튼을 눌러야 했다.

그때 내 눈에 아마존 주식은 1캐럿짜리 다이아몬드같아 보였다. 접근하자면 할 수는 있지만 웬만한 용기가

아니면 쉽게 살 수 없는 존재였다. 1주씩 매입할래도 웬만한 사람 한 달치 월급이 훅 들어가야 가능하니 쉬운 결정은 아니었다. 하지만 이미 눈이 뒤집힌 나의 결론은 하나였다. 저 1캐럿짜리 다이아몬드 같은 아마존 주식을 사자.

그랬다. 나는 한 달치 월급이 왔다 갔다 하는 상황에도 깊게 고민하지 않고, 성급한 의사결정을 했다. 나는 과하게 스스로를 믿었다. '촉'이라는 거. 그게 빅데이터라는 것. 그걸 믿었다. 문제는 주식이나 돈과 관련한 부분에는 아무런 빅데이터가 없는 상황에서 촉만 발달했다는 것이다. 관심은 있지만 깊이가 없는 상태. 뒤늦게 알았다. 다들 배당금을 바라보고 미국 주식을 알아볼 때, 나는 배당엔 1도 관심 없는 제프 베이조스(아마존닷컴 CEO)의 주머니를 불려주는 1인에 불과했다는 것을.

물론 아마존은 성장 가능성이 높은 기업이다. 커머스에서도, 빅데이터에서도. (다른 투자자에 비해) 적은 돈을 투자하기에 분산투자를 할 여력이 없는 나는 MS, 구글, 아마존 중 하나를 결정해야 했다. 그렇다면 접근 가능성이 높은, 액면분할 전 삼성전자나 아모레퍼시픽 같은 기업의 주식을 선택하고 싶었다. 일종의 호기였다.

구글도 한화로 1백만 원이 넘는 주식이었지만 아마존의 드라마틱한 성장세에 숟가락을 얹고 싶었다.

그렇게 나는 이런저런 목돈을 모아 아마존 주식을 샀다. 채 10주도 되지 않지만 나와 동반자의 꽤 큰 현금이 묶이는 큰 의사결정이었다. 다행히 가족은 내 결정을 존중하고 신뢰해주었다. 그게 누구든, 돈을 굴리고 투자를 하는 사람은 자기만의 원칙이 있게 마련이다. 주식 투자에 대한 나의 원칙은 아이러니하게도 '안전'이다. 우량주. 나는 그렇게 배당 없는 우량주를 샀다.

우량주

흔히 블루칩이라고 한다. 재무 건전성, 사업의 발전 가능성, 배당, 사업의 안정성 등 여러 가지 요소를 고루 반영된 주식이다. 투자자들에게 안정적인 수익을 제공할 수 있는 가능성이 높은 기업의 주식이라는 뜻이다. 투자자의 높은 선호도는 주가에 그대로 반영된다. 시대가 변하면 우량주로 언급되는 기업도 변한다. 과거 정유나 제조 등의 기업 주식이 우량주로 손꼽혔다면, 이제는 정보와 지식산업을 기반으로 한 IT 관련 사업을 하는 기업 주식이 우량주로 언급된다.

돈이 돈을 번다

주식을 하면서 제일 어려운 건 마음을 차분하게 다잡는 것이다. 나의 현금은 유한하고 이 가장 보통의 새가슴은 만 원짜리 한 장에 일희일비한다. 주식 투자 금액이 어마어마한 거액도 아니다. 물론 나에게는 거액이지만 보유 수량도 금액도 다른 투자자들에 비하면 적은 쪽에 가깝다. 같은 돈을 어떻게 운용하느냐는 나에게 매우 중요한 이슈이다. 주식을 사서 작게나마 수익을 보고 나니 주식에 좀 더 관심이 생겼다.

주식이 어떻게 돌아가는지 본격적으로 공부를 해야 하는 것이 아닌가 싶어졌다. 그래서 부자들이 어떻게 돈을 버는지 찾아보기 시작했다. 각 기업의 총수들의 주식이 어떻게 오고 가는지, 외국의 주식 투자자들은 어떤 식으로 돈을 버는지. 특히 재미있게 본 자료는 하나금융연구원에서 발행하는 〈한국부자보고서〉와 허영만의 만화 《부자사전》이었다. 〈한국부자보고서〉는 한국 부자들의 자산관리 방식 및 라이프스타일이라는 부재를 달고 있다. 금융자산 10억 원 이상 보유한 부자들의 자산관리 방식 등을 주기적으로 업데이트하는 보고서다. 그러니까 하나은행이라는 금융기관은 금융자산을 기준으로 10억 원 이상을 운용하는 사람을 부자라고 정의하고 있다는 말이다. 10억 원. 금융자산이란 현금, 채권, 주식, 펀드 등 다양하겠지만 부동산에 비해 상대적으로 빠르게 현금화 가능한 자산들이다. 현금이나 다름없는 자산을 10억 원 이상은 보유해야 은행 같은 보수적인 기관에서 부자라고 인식한다는 의미다. 부자리포트 속 부자들은 자산이 하나만 있는 것은 아니었다. 현금, 부동산, 금융자산, 외화 등 다양했고, 일정 시점이 지나 세금을 최소화할 수 있는 방법을 찾아 자녀들에게 증여를 했다.

허영만의 《부자사전》은 아주 쉽게, 훌훌 읽히는 만화로 부자들의 돈 모으는 과정을 보여준다. 짧게 요약하면, 조금 가혹하리만치 냉정하게 돈을 대해야 하며, 들어올 돈은 최대한 빠르게 받고, 줄 돈은 최대한 늦게 보내는 것이다. 사람을 믿지 말고 돈을 믿으며, 일정 규모가 넘어서면 어떤 식으로 든 사람에게 상처 주는 상황이 생길 수 있는데 그때 감정에 흔들리지 않고 돈만 바라보고 악착같이 버티는 이들이 종국에는 부자가 되는 것 같았다.

그렇게 부자들에 대한 글들을 이리저리 둘러보다가 '배당'이라는 단어를 발견했다. SNS에서 본인피셜 꽤 부유하게 자랐고, 목동과 반포에 본가와 처가가 있는 어떤 사람의 글을 보게 되었다. 아이를 위해서 삼성전자 주식을 꾸준히 매수하고 있고, 그 저변에는 장기적으로 배당이 아이 앞으로 쌓이는 것까지 염두에 둔 것이라는 문구였다. 눈여겨본 주식의 주가가 목표하는 금액 이하로 떨어지면 꾸준히 사들이고 있는 것이라 했다. 부자들의 돈은 오늘을 위해 사는 것이 아니었다. 오늘의 돈은 있다. 나의 돈은 미래를 위해 축적하는 데 사용하고, 돈이 돈을 버는 구조를 자식들에게도 자연스럽게 물려주고 있었다. 흔히 돈이 돈을 벌게 하는 방법은 부동산 자산을 바탕으로 한 월세 수입을 생각하지만, 배당 역시 돈이 돈을 벌게 하는 방식 중 하나였다.

배당. 말하자면 주식 투자를 통해 지출한 돈에 대한

이자 같은 존재이다. 1,000주의 주식을 가지고 있고, 그 회사가 배당을 지급하는 것을 원칙으로 하는 회사라면 1주당 일정 금액을 배당금으로 제공한다. 뒤늦게 생각하니, 배당에 대한 이야기를 들어본 적은 있었다. 어느 선배의 지인은 매달 배당금을 몇십만 원씩 받고 있다고 했고, 회사마다 배당이 들어오는 시기가 달라 다달이 배당이 들어오는 구조로 주식을 매수한 상태라 했다. 어떤 회사는 1년에 두 번, 어떤 회사는 분기마다, 어떤 회사는 연 1회 배당을 제공하니 일정한 수입이 들어오도록 배당주를 세팅했다는 것이다. 생업을 접고 배당만으로 생활하는 사람도 있다는 사실을 뒤늦게 알았다.

그래서 많이 사는 주식이 미국 주식이라는 사실도 뒤늦게 알았다. 물론 욕구와 욕심이 향하는 곳의 주식을 매수하는 '감정 투자자'인 나는 배당주의 존재는 아예 모르고 있었다. 미국 주식이 배당을 위해 선호되는 경향이 있다는 것도 당연히 뒤늦게 알았다. 물론 아마존, 넷플릭스 같은 회사는 어차피 배당을 주지 않고 있다는 것도 몰랐고 말이다. 오늘만 사는 투자자인 나는 가지고 있는 얼마간의 캐시를 네다섯 가지 주식에 나눠 묻어두었고, 그 주식이 배당을 주는지의 여부도 확인하지 않았다. 그리하여 다시 확인한 나의 주식은 예상대로 배당이 없고…… 말이다.

　다들 그런 고민 한 번씩 하지 않나? 로또 1등에 당첨되면 그 돈을 어떻게 굴릴까. 예전엔 아파트나 건물을 사고 싶었다. 하지만 달걀은 한 바구니에 담는 것이 아니라고 하지 않았던가. 어느 시점이 지나서는 주식과 아파트에 나누어야겠다는 생각을 했다. 그리고 시간이 더 지난 요즘은 주식과 금, 달러, 아파트에 나누어야겠다고 생각한다. 주식은 다시 배당주와 일반주로 나누고, 배당을 매달 받을 수 있도록 세팅해야지. 머릿속에서는 30억 원이 넘는 거액이 이미 수도 없이 이곳저곳에 투자되었고, 나는 벌써 그렇게 셀 수 없이 많은 돈을 벌었다.

　우리나라는 상대적으로 배당에 대한 역사가 길지 않지만, 주식시장이 꽤 오랜 기간에 걸쳐 형성된 미국은 배당에 대한 관심이 남다르다. 특히 '주주우선주의'가 경영의 목표인 미국의 기업은 주주에게 더 많은 가치를 전달하는 것이 미덕인지라 배당에 대한 의지가 더 강하다. 그럼 난 최소한 배당을 어느 회사가 언제 주는지는 알고 있어야 하지 않은가. 배당에 대한 정보를 뒤지기 시작하자 배당주만 투자하는 투자자들이 올린 정보

분류	배당률	장점	단점
고배당주	4% 이상	배당률 높고, 안정적	배당성장률 낮음
배당성장주	3% 미만	배당성장률 높음	배당률 낮음
고배당 확정형 우선주	-	확정된 배당	주가변동 거의 없음

를 쉽게 발견할 수 있었다. 그리고 'The Rich'와 같은 애플리케이션에서 배당 시기, 금액 등에 대한 정보를 모아 볼 수 있다는 사실을 알았다.

배당은 시세차익으로 돈을 버는 주식 투자와는 다른 세상이었다. 배당 자체를 높이 받을 것인가, 배당도 받고 주가도 성장하는 주식을 받을 것인가, 오직 배당만을 보고 주식을 매수할 것인가 등 본인 목표에 따라 선택지도 다양했다.

배당률은 당장 오늘 그 회사가 얼마의 현금을 보유하고 있는가, 즉 얼마나 장사를 잘 했는가에 따라 얼마든지 달라질 수 있다. 결국 얼마나 오래, 배당을 꾸준히 유지하고 있는가, 배당률이 주가 대비 얼마나 되는가가

오늘의 주가보다 더 중요한 정보였다. 같은 배당률이라 해도 10년간 한 번도 빼먹지 않고 계속 배당을 한 회사와, 50년간 꾸준히 배당을 해온 회사가 같은 선상에서 고민되지는 않을 것이다. 장기간 쉼 없이 고배당을 제공한 기업을 다양하게 발굴하고, 주가가 낮은 고배당 주식 중 안정적인 기업을 택해 배당금의 크기를 극대화할 수 있는 방법을 찾아야 한다. 배당에 대해 좀 더 공부해야 할 이유가 하나 더 있었다. 바로 이율이다. 부모님 세대는 15%, 20% 같은 드라마틱한 이자에 대한 경험이 있지만 오늘의 우리는 연이율 1% 시대, 실질적으로는 세금을 공제하면 제로에 가까운 이율을 경험하고 있다. 뭘 어떻게 해도 이자가 1% 내외인 적금이나 정기예금에 넣느니, 6%대의 배당률을 보이는 AT&T 같은 회사는 회사 주식에 돈을 묻는 쪽이 이득인 것이다. 미국 주식은 최소 연 2회, 최대 14회의 배당을 실시하고 있다. 배당을 통해 시중은행 금리보다 더 높은 이율로 고정적인 현금흐름을 만들 수 있고, 배당금을 주식에 재투자하면 꾸준히 배당을 받을 수 있는 주식의 수량을 늘릴 수 있다. 재투자를 통해 '복리' 효과를 노릴 수 있다. 내가 불의의 사고를 당해 수입이 끊긴다 하더라도 고정적인 소득이 배당을 통해 들어온다면 최소한의 안전장치가 될 수도 있다.

　물론 위험 요소는 있다. 배당주는 확정형이 아닌 경우가 훨씬 많다. 회사의 매출이나 현금 보유 상황에 따라 규모는 얼마든지 바뀔 수 있다. 장기간 배당을 꾸준히 제공했다는 사실은 과거형일 뿐이다. 오늘의 배당은 언제든 달라질 수 있다. 배당률 역시 고정적이라기보다는 해마다 조금씩 달라진다. 내가 선택한 종목의 산업은 언제든 무너질 수 있다. 산업이 얼마나 안정적으로 굴러가는가가 얼마나 잘 성장하는가 만큼이나 중요한 문제이다. 배당주라고 해서 마냥 안심하고 방치해서도 안 되는 것이다.

　부자와 같은 규모로 투자할 수는 없지만, 그들의 방식은 따라할 수 있다. 하지만 어떤 식으로든 묻어놓고 방치하는 것은 안 된다. 꾸준히 찾고, 공부하고 눈을 열어놓아야 한다. 세상에 공짜는 없으니 말이다.

보통주 / 우선주

주식은 기업이 자금을 조달하는 방법 중 하나이다. 기업의 입장에서 주식을 통해 자금조달을 할 경우 두 가지 대가를 치르게 된다. 하나는 기업경영의 권한을 주주와 나누는 것이고, 또 하나는 조달한 자금에 대한 이자를 주주에게 제공하는 것이다.

주식을 보유한 자, 즉 주주는 주주총회를 통해 경영에 참여하게 된다. 일반적으로 1년에 한 번 정기적으로 주주총회를 갖고, 기업경영과 관련한 주요 안건에 의견을 내고, 의결권을 행사하게 된다. 주주총회는 주식의 수에 따라 힘의 크기가 달라지는 곳이다. 기업의 의사결정에 직접 참여할 수 있는 주식을 보통주라고 생각하면 된다. 드라마에서 경영권을 사수하기 위해 대주주의 주식을 매입하거나, 혹은 의결권을 대리할 수 있게 위임장을 써달라고 하는 장면을 떠올려보라. 주식의 수는 의사결정할 수 있는 힘의 크기와 비례한다. 이때 필요한 게 바로 보통주이다. 보통의 경우 특별한 언급이

없는 한 주식시장에서 거래되는 대부분의 주식은
보통주이다.

이에 반해 의사결정에 참여할 수 없는, 즉 의결권
은 없으나 그 대가로 더 많은 배당금을 받을 수 있
는 주식을 우선주라고 한다. 우선주는 보통주와 구
분된 이름으로 주식시장에서 거래된다. '두산건설
우선주', '삼성전자 우선주'와 같은 표기가 되어 있
다면 그 주식은 우선주라고 생각하면 된다.

배당 / 배당금

주주들에게 지분에 따라 기업이 이윤을 분배하는
것을 말한다. 기업은 주주들에게 주식 1주당 몇 %
의 배당금을 제공할지 정하고, 정기적으로 주주에
게 배당금을 지급한다. 배당 계산 시점의 주가, 기
업 현금 잉여금 등 다양한 요소들이 반영돼 배당률
이 정해지기 때문에 배당 시기마다 금액이나 비율
이 달라질 수 있다. 배당 지급은 정기적으로 발생

하는데 1년에 한 번, 분기에 한 번 등 지급하는 시기는 기업에서 정하기 나름이다. 기업 경영 상황이 안 좋을 경우 배당률이 현저히 낮아지거나 혹은 아예 없을 수도 있고, 영업이익이 높아 보유하고 있는 현금의 비율을 낮추기 위해 배당을 높게 하는 경우도 있다. 물론 아마존처럼 배당 자체를 안 하는 기업도 존재한다.

배당금은 같은 기업의 주식이라고 해도 보통주, 우선주 사이에도 차이가 있다.

네이버 금융 활용하기

정보가 차고 넘치는 세상에서 어디서 어떻게 정보를 찾아야 하는지를 고민해야 한다. 무엇을 찾을지 정했다면 가장 효율적인 정보 채널을 확보하는 것이 가장 좋다. 우리는 이제 겨우 주식 투자를 시작한 비기너들이다. 세계경제지표를 볼 수 있는 사이트나 한국은행, 코트라 같은 곳은 너무 어렵고 무서운 곳이다. 그렇게 어려운 리포트들을 일일이 찾아가며 볼 능력도 없다. 그래서 난 네이버 금융을 활용한다.

궁금한 국내 기업의 이름을 검색하면 실시간으로 주가, 전일 종가, 시가, 상한가, 하한가, 거래량, 거래대금 등 실시간 정보가 나타난다. 이외에도 시가총액, 시가총액 순위, 상장주식 수, 액면가, 외국인 보유 주식 비율 등 주식 관련 기본적인 정보와 목표 주가, 관련 투자 의견, PER/EPS, PBR/BPS, 배당수익률 등의 투자에 참고할 만한 정보들도 함께 노출되어 있다.

또한 기업 정보도 한꺼번에 모여 있다. 그 아래쪽을 보면 시세, 차트, 종목 분석, 전자공시, 공매도 현황 등을 볼 수 있다. 이중 우리가 기업을 공부하면서 1차적으로 눈여겨봐야 할 것은 종목 분석일 것이다. 종목 분석을 클릭하면 기업 현황, 개요, 재무분석, 투자 지표 및 업종 분석, 지분 현황까지 기업 IR사이트에 일일이 들어가보지 않아도 기업의 재무 현황과 함께 투자에 필요한 모든 정보들이 한꺼번에 모여 있다.

하나하나 성실하게 들여다볼 준비가 되어 있다면 기업에 대한 기본 정보는 언제나 열어볼 수 있는 셈이다. 이제 중요한 것은 그렇게 모인 정보를 어떻게 해석하느냐의 문제겠지만 말이다.

주식은 흔들리는 갈대
─코로나19가 쏘아올린 큰 공

2020년 상반기 대한민국, 아니 세계를 흔든 최고의 이슈는 코로나19. 메르스, 사스도 겪어낸 우리나라건만 김치도 마늘도 원도 한도 없이 먹고 있는 우리이건만, 신종 바이러스 앞에서는 모든 것이 멈춰버렸다. 딱 하나. 주식시장만 빼고. 코로나바이러스가 미국을 잡아먹으면 주식시장은 멈추는 게 아니라 곤두박질칠 게 자명한 시점에서 생각했다.

'지금이다. 지금이 미루고 미뤄왔던 삼성전자 주식을 매수할 때다.'

수중에 마지막 현금을 쥐고 있었다. 무슨 생각인지 저 돈은 현금으로 쥐고 있겠다는 생각을 했었다. 지난해 삼성전자 보통주가 5만 원 언저리로 훅 떨어지는 걸 보면서 '저걸 지금 사야 하는데'라고 생각만 했지 사지 못했다. 특별한 이유도 없이 말이다.

아이가 태어나고 쓸데없이 생각이 많아진 엄마는 '아이에게 만 1세가 되기 전에 1천만 원을 증여하고 싶다'는 생각을 했다. 그리고 세전 금리 2%짜리 정기예금보다는 차라리 배당도 있고 주가 상승도 기대할 수 있는 삼성전자 주식을 사주는 것이 유일한 답이라는 생각이 들었다. 지난해 주당 배당액을 찾아보았다. 내가 구입할 수 있는 최대 주식 수와 배당 빈도를 곱해 나온 연간 배당금은 당연히 시중금리보다 훌륭한 결과였다.

코로나로 미국은 아스러질 게 자명했다. 지금까지 본 미국은 강한 나라이지만, 그 강함이 영원하지도 영원할 수도 없다. 더군다나 현 국가 원수가 보여준 꼬락서니는 코로나19가 어떤 바이러스인지 모르는 것 같았다. 분명히 미국 주식은 멈출 것이고, 우리나라 주식도 같이 흔들릴 게 자명했다. 이런 식의 대형 악재 앞에서는 삼성전자가 아니라 삼성전자 할아버지도 소용없다.

물론 방역, 예방, 치료, 보안 등 관련 테마주들은 상승할 수 있겠지만 나같이 꾸준히 공부하지 않는 사람이 어떤 기업이 지금 상황에 최적화된 기업인지 판단하기는 어렵다. 지금 당장 코로나19의 영향력이 어느 분야에 어떤 식으로 확산될지 예측을 못 하는 나 같은 미물이 할 수 있는 선택은 모두가 떨어질 때 매수하는 것뿐이다.

분명 언젠간 회복한다는 확신은 있었다. 대한민국은 IMF도 빠르게 이겨냈다. 서브프라임 사태도 시간은 걸렸으나 극복해냈다. 주식시장은 살아 숨 쉬는 생물과 같아서 외부 요소에 매우 민감하다. 호재에 한 걸음 올라가면 악재에는 뛰어내려간다. 이런 식의 매수에서 중요한 것은 그 느린 걸음을 기다릴 배포와 여유뿐이다.

2019년 상반기 삼성전자 우선주는 3만 원대였다. 보통주도 5만 원 언더였다. 어느 부자 아저씨가 그랬다. 삼성전자(보통주)는 5만 원 미만이면 한 주라도 무조건 매수해두는 거라고. 그랬던 삼전 우선주의 주가가 2020년 말에 5만 원을 넘긴 걸 보면서 땅을 쳤던 나다. 지금이 그나마 수익 극대화를 꾀할 수 있는 시점이었다.

예상대로 미국 시장은 흔들렸다. 2월 20일 언저리부터 다우지수가 무섭게 떨어지기 시작했고 원달러환율은 무섭게 올라갔다. 블랙 먼데이가 올 것이라며 사방에서 난리가 났다. 2월 24일이 되자 한국 주식 시황판에

삼성전자우 005935 | 코스피 | 2020.05.06 12:50 기준 (장중) | 실시간

41,700
전일대비 ▲500 +1.21%

| 전일 41,200 | 고가 41,850 (상한가 53,500) | 거래량 859,899 |
| 시가 41,700 | 저가 41,400 (하한가 28,850) | 거래대금 35,812 백만 |

종합정보 | 시세 | **차트** | 투자자별 매매동향 | 뉴스공시 | 종목분석 | 종목토론실 | 전자공시 | 공매도현황

일봉 주봉 월봉 종목비교 [확인] 공시 ✔외인지분

삼성전자우 | 2020.05 ▲41,700 ▲41,850 ▲41,400 41,700 ▲500 1.21% 852,472

2020.05.06 시:38,100 고:38,600 저:34,900 종:35,450 ▼ -2,550 -6.71% 거:5,640,126

이동평균선 [5 [20 [60 [120   5MA: 39,360 20MA: 45,122 60MA: 47,709 120MA: 44,738
최대값 53,000 (-21.32%)

날짜 2020.03.19
종가 35,450

최소값 34,900 (19.48%)
2020.03.19 2020.04

거래량: 5,640,126

는 온통 파란불이 켜졌다. 나는 내 마지막 가용자금을
다 털어 주식을 샀다. 이번 매수의 목적은 아이에게 언
젠가 증여해주는 것이므로 배당이 높고 상대적으로 주
가가 저렴한 우선주를 선택했다. 5만 원을 넘겼던 삼성
전자의 주가는 4만 원대로 떨어졌고 48,950원에 매수를
했다.

똥손도 똥손도 이런 똥손이 없다.

　여기서 내가 간과한 것이 한 가지가 있었으니, 코로나19가 생각보다 장기화됐고 주가는 예상했던 것보다 훨씬 더 많이 떨어졌다는 것이다. 5만 원에서 4만 원대만 해도 괜찮은 가격이라고 생각했는데, 막상 뚜껑을 여니 그 여파가 근 한 달간 이어지는 것이다. 3만 6천 원대에 매수할 수 있는 주식을 난 48,950원에 매수했다. 어쩌면 더 떨어질 수도 있었을 것이다. '동학개미'들의 활약으로 이 정도 선에서 멈춘 것이다. 손실이 대략 70만 원. 차라리 곧 생길 목돈으로 추가 매수해 수익률이라도 높여야 하나 고민하고 있을 정도. 한 달 동안 몇 번의 사이드카가 발동되었지만 이미 손실이 나기 시작한 나에게는 강 건너 불구경이었다. 지금 뺄 수는 없었다.

　난 이미 초고가로 아마존 주식을 매수한 바 있다. 코로나발 화살은 아마존 주가도 탈탈 털어내고 있었다. 차라리 삼성전자가 아니라 아마존을 샀어야 했다. 2천 달러 가까운 주가가 최저 1천7백 달러대까지 떨어졌다. 만약 현금을 쥐고 있어서 이걸 샀으면 지금 2천3백 달러까지 회복한 건강한 아마존에 박수를 보내고 있었을지도 모른다. 주당 6백 달러 정도의 시세차익이면 충분히

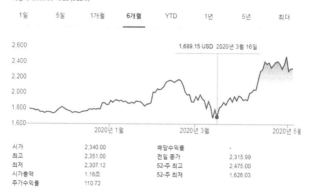

아마존
NASDAQ: AMZN

2,317.80 USD +1.81 (0.078%) ↑
폐장: 5월 5일 오후 7:49 GMT-4 · 면책조항
폐장 후 2,323.00 +5.20 (0.22%)

| 1일 | 5일 | 1개월 | 6개월 | YTD | 1년 | 5년 | 최대 |

1,689.15 USD 2020년 3월 16일

시가	2,340.00	배당수익률	-
최고	2,351.00	전일 종가	2,315.99
최저	2,307.12	52-주 최고	2,475.00
시가총액	1.16조	52-주 최저	1,626.03
주가수익률	110.72		

환율을 커버하고도 남았을 것이다.

현재 시점으로 약 28% 정도의 수익률을 보인 아마존은 코로나19의 수혜주이다. 아마존은 대량 해고 사태로 비상이 걸린 미국에서 손에 꼽게 고용을 창출하고 있는 회사 중 하나다. 심지어 고용 인원도 많다.

코로나19는 치료, 방역 등의 1차원적인 영역 외에도 비접촉, 비대면 방식과 관련한 서비스를 하고 있는 회사의 매출에도 직접적인 영향력을 발휘하고 있다. 출장도, 미팅도, 출근과 등교 모든 것이 멈췄지만 사람들

줌비디오커뮤니케이션
NASDAQ: ZM

144.82 USD +1.38 (0.96%) ↑

폐장: 5월 5일 오후 7:59 GMT-4 · 면책조항
폐장 후 145.24 +0.42 (0.29%)

| 1일 | 5일 | 1개월 | 6개월 | YTD | 1년 | 5년 | 최대 |

107.86 USD 2020년 3월 16일

2020년 1월   2020년 3월   2020년 5월

시가	144.43	배당수익률	-
최고	148.44	전일 종가	143.44
최저	140.86	52-주 최고	181.50
시가총액	404.05억	52-주 최저	60.97
주가수익률	1,693.21		

은 돈을 벌어야 하고 공부를 해야 하고 먹고살아야 한
다. 비대면과 관련한 주식들은 오히려 주가가 크게 오르
고 있다. 화상회의 프로그램인 MS Team을 가지고 있는
MS와 화상회의 서비스를 주력사업으로 하는 스타트업
ZOOM, 온라인쇼핑의 본산 아마존, 집에서 할 수 있는
엔터테인먼트 서비스인 넷플릭스, 각종 문화예술 콘텐
츠가 풀리고 있는 유튜브를 가진 구글 등이 대표적인 수
혜주다. 재택근무 시대에 클라우드 서비스 및 관련 각종
보안 서비스를 제공하는 회사도 역시 수혜주일 것이다.

또한 기업 내부 조직원 간 커뮤니케이션 툴로 각광받고 있는 슬랙도 꽤 주목받고 있다.

넷플릭스나 아마존은 3월 16일을 기점으로 최저점을 찍고 반등해 코로나19 이전 시점보다 더 높은 주가를 기록하고 있고, 화상회의 소프트웨어로 주목받은 줌 비디오 커뮤니케이션의 주가는 큰 기업들이 훅훅 나가떨어지는 시점에도 과한 하락 없이 꾸준히 상승 중이다.

ZOOM이 핫해지자 재미있는 해프닝도 생겼다. 주식거래를 할 때는 '티커(일종의 기업명 약어)'로 종목을 표기하는데, 화상회의 서비스로 핫해진 ZOOM의 티커는 ZM이지만, 중국에는 티커를 ZOOM으로 하는 기업이 따로 있었던 것. 급한 마음에 ZOOM을 검색한 투자자들에 의해 일시적으로 주가가 폭등했다고 한다.

다시 한번 이야기하지만 이 글은 일확천금을 거둬들인자의 주식 투자 성공기가 아니다. 내 투자는 파급효과에 대한 고민이 얕고, 종종 뒷북이다. 큰맘 먹고 들어간 삼성전자 매수도 망했고, 그 돈을 차라리 아마존 주가 매수에 썼다면 더 큰 수익을 볼 수도 있었다. 내 일상에 영향을 어떻게 미치는지 심도 깊은 고민과 리서치가 있었다면 분명 다른 것들이 보였을 텐데 그렇지 못했다.

이번 코로나19 사태로 내가 배운 것이 하나 있다면 그것은 세상은 언제든 다이내믹하게 변할 수 있고, 이미 세상은 놀랍게 변했다는 것이다. 아프면 쉬고, 거리가 멀면 통신으로 만나는 것이 당연해졌다. 세상의 중심이 제조업에서 '망' 위의 세계로 이동했다는 것을 머리만이 아닌, 몸으로 느끼게 된 것이 이번 코로나19가 쏘아 올린 가장 큰 공일 것이다.

하지만 세상에 필요 없는 것이란 존재하지 않는다. 제조업 일체를 중국으로 넘겨버리고 청정한 공기를 만끽하며 살던 일명 선진국들은 세계의 굴뚝이 멈추면서 덩달아 바보가 되었고, 그래도 제조업을 안고 가던 작은 나라 한국은 그 힘으로 위기를 이겨냈다. 자칭 선진국들은 코로나19 앞에서 속절없이 무너졌고, 매일매일 휘청이던 변방의 작은 나라는 국민들에게 자부심을 안겨줄 수 있을 만큼 단단했다. 기업 혹은 국가가 가진 진짜 힘은 위기 속에서 빛난다. 한편, 위기에 대응할 수 있는 나의 힘은 무엇인지 고민해보게 되는 요즘이다.

테마주

어떤 새로운 사건이나 이슈가 발생해 주식시장에
영향을 줄 때, 그 현상을 따라 움직이는 종목을 테
마주라고 한다. 계절적인 요소로 테마주를 나누기
도 한다. 여름철에는 에어컨이나 빙과류 제조사들
이, 황사나 미세 먼지가 심각해지면 마스크나 공기
청정기 제조사가 테마주가 될 수 있다. 전 국민이
이동하는 명절에는 수송 관련 주식들이, 5G 서비
스기 확장되는 시기에는 관련 실비 제조 및 망 설
치 서비스를 제공하는 회사들이 테마주로 분류되
기도 했다.

테마주라는 말이 제일 자주 등장하는 시즌은 바로
선거철이다. 대통령 선거와 같이 큰 이해관계가 맞
물려 있는 시기에는 어느 후보가 우세한지에 따라
해당 후보와 친분이 많은 기업의 주가가 이유 없이
오르기도 한다.

테마주로 묶였다고 해서 반드시 손익이 유사한 패
턴으로 발생하는 것은 아니다. 영화 〈기생충〉이 칸

영화제와 아카데미 영화제에서 작품상을 수상했을 때 일시적으로 제작사인 바른손이앤에이의 주가는 올랐지만 투자 배급사인 CJ ENM의 주식은 큰 변동이 없었다. 바른손이앤에이는 영화제작이 메인 비즈니스모델이지만 CJ ENM은 영화 외에도 다양한 장르의 사업을 진행하고 있어서 영화 한 편의 성공이 기업의 성장에 드라마틱한 변화를 주지는 않았다고 주식시장은 판단한 듯하다.

사이드카 / 서킷브레이커

사이드카는 선물가격이 전일 종가 대비 5% 이상 변동(등락)한 시세가 1분간 지속될 경우 주식시장의 프로그램매매(사람이 직접 하는 거래가 아닌, 프로그램을 통해 자동 주문되는 매매) 호가가 5분간 효력이 정지되는 조치이다. 이보다 더 강력한 조치는 서킷브레이커다. 주가가 일정 범위 이상 급락하거나 급등할 경우 주식매매 거래 행위를 일

시적으로 정지시키는 제도이다. 쉽게 말해 사이드
카는 거래가 과열된 상황이 확인될 경우 잠시 두꺼
비집을 내려 열기를 잠시 식히는 것이고, 서킷브레
이커는 아예 아무도 거래하지 못하게 잠시 시장을
닫아두는 것이다.

여기서 등장하는 '선물'은 어버이날에 부모님께 드
리는 선물gift이 아니라 선(先)매매, 후(後) 물건 인
수/인도의 거래 방식이라고 생각하면 된다. 말하
자면 시골에서 흔히 벌어지는 '밭떼기' 같은 것이
다. 무나 배추와 같은 농작물을 실제 수확하고 사
용해야 하는 김장철이 되기 전에 미리 가격을 정하
고 매매계약을 하는 것이다. 만약 인수 시점에서
예상보다 가격이 오르면 유통업자가 이득을 보고,
예상보다 가격이 낮아지면 생산자가 이득을 보는
구조다. 인수 시점의 가격을 사전에 얼마나 정확하
게 예측하는가가 관건인 거래이다. 매매가 현물시
장에 실시간으로 영향을 미치는 것은 아니라는 뜻
이다.

두 가지 조치의 공통점은 가격의 급등/급락 시기

에 거래를 직접적으로 영향을 미친다는 점이다. 차이점은 사이드카는 선물시장의 급격한 변화가 현물시장에 영향을 미치기 전에 예방하는 성격이 짙다면, 서킷브레이커는 증시가 급변할 때 사후적 조치이며, 사이드카에 비해 서킷브레이커가 더 강력한 조치라는 것이다.

블랙 먼데이

월요일 증시가 대폭락을 맞이할 경우를 '블랙 먼데이Black Monday'라고 부른다. 1987년 10월 19일 매도 주문이 급증하면서 하루 동안 22.6%가 폭락했는데, 당시 월요일이었기 때문에 이를 두고 '블랙 먼데이'라는 이름이 붙었다. 1929년 대공황 때 뉴욕 증시가 12.6%가 하락하면서 처음으로 블랙 먼데이라는 표현을 사용하기 시작했다.

2장

아는 만큼 보인다 : 투자 적성 파악하기

2020년 6월. 나의 주식계좌는 혼돈의 카오스 그 자체였다. 주당 2천4백 달러를 호가하는 아마존닷컴부터 주당 5천 원에 불과한 아시아나까지, 종잡을 수 없는 종목 선택을 거듭하고 있는 상태이다. 그렇다고 수십 가지 다양한 종목을 보유하고 있는 것도 아니다. 다 해도 다섯 개 안팎의 적은 보유 물량이 저렇게 흥겹게 널을 뛰고 계시니 그걸 보는 마음이 썩 편치는 않다.

아마존의 선방으로 인해(아…… 역시 동학개미가 되기보다는 미국의 노예가 됐어야 했는데) 수익률은 플러스를 보여주고 있지만, 그 한 주를 제외하고는 다 마이너스였다. 놀라울 정도로 싹 다. 그러던 차에 집에 우편물이 한 통 도착했다. 배당금 통지서였다. 그날 알았다. 삼성전자는 분기마다 배당을 준다는 사실을. 비록 투자는 마이너스지만 배당금을 4분기 비슷한 수준으로 받는다고 생각하면 여하간 은행 금리보다는 높은 수익이 보장된다. 세금을 감안하고라도 말이다. 하지만 그보다 더 먼저 든 생각은 '이렇게 무지해서야 무슨 주식 투자를 하겠나'였다.

2017년 언저리부터 시작한 주식 투자로 인해 묻힌 돈이 1년 연봉만큼은 아니어도 이제 재테크를 시작한 나에게는 충분히 유의미한 크기만큼은 된다. 그사이 결혼도 하고, 집도 샀다. 소위 말하는 안정적인 삶의 테크트리를 타기 시작한 셈이다. 그저 남들보다 과하게 늦었을 뿐. 잃을 것이 많아지면 보수화된다는 말이 어떤 의미인지 몸으로 느끼고 있다. 정치 성향과 무관하게 부동산 커뮤니티와 주식 관련 블로그에 지속적으로 들어가 보고 있다. 열심히 일해서 조금씩 올라간 연봉 인상폭은 아파트의 2년 상승폭을 뛰어넘을 수 없다는 것을 목격하면서 투자자금을 더 공격적으로 운용해서 지금, 그다음을 위한 시드머니로 만들고 싶어졌다.

그러다 아이가 태어났다. 아이가 세계적으로 열 손가락 안에 꼽힐 정도로 비싼 물가와 부동산을 가진 도시에서 살아가기 위한 경제적 기반을 만들어주고 싶어졌다. 내가 직접 겪지 않았던가. 서울에서 월세를 내지 않고 부모님과 함께 살았기 때문에 난 30대에 원하는 일을 하며 거침없이 살아갈 수 있었다. 훅훅 꺾이는 부모님의 허리는 세워드릴 수 없었지만 최소한 빚지지 않고 문화예술계에서 버텨왔고, 맨손으로 스스로 여기까지 왔다고 하기에는 부모님의 그늘은 위대했다. 절약 그 이상의 재테크가 필요하다고 느꼈던 것은 월세를 내기 시작하면서부터였다. 10% 고금리 이자의 시대를 지나온 부모님이 나에게 해주신 만큼 내 자식에게 해줄 수 있는 시대가 아니다. 차곡차곡 모으기만 하는 것만으로는 오늘을 살기도 힘든 세상이다.

지금의 나는 25년 된 아파트가 아닌 새 아파트를 원하고, 언젠가 은퇴한 이후에 노동 없는 수익 창출을 원한다. 또한 언제나 아이가 스무 살이 되었을 때 써야 할 학비와 독립에 필요한 시드머니를 만들어주길 원한다. 독립은 스스로 하는 것인데 거기에 시드머니를 준다는 것은 매우 아이러니하지만 말이다. 집값이 아무리 오른들 매도하지 않으면 손에 넣을 수 없는 수익이므로 수시로 돈을 만들기에는 역시 주식이 가장 적절한 선택이었다. 고민이 시작되었다.

주식을 통해 돈을 버는 방법은 여러 가지가 있다. 가장 아름다운 방법은 저평가된 우량주를 선정해 매수하고, 급격한 성장을 거듭하면서 쭉쭉 올라가는 주가를 보며 행복해하는 것이다. 지난해 5G 관련 주식들을 매수한 사람들이 아마 이런 사람들이었을 것이다. 통신사에서 기존 4G가 아닌 5G 망을 구축하고 사업을 펼쳐나가면서 설비 등등 관련 주식의 주가가 급등한 경우가 많다. 52주 상종가를 기록하며 1년 사이 주가가 10배 불어난 주식까지 있으니 그 초창기에 들어가 52주 차에 매도한 사람이 있다면 세상이 핑크빛이있으리라. 불돈 매도를 했다는 전제하에 말이다.

또 하나의 방법은 안정적인 주식 혹은 배당률이 높은 주식을 매수해 보유하면서 배당수익을 챙기는 것이다.(장기 보유하면 최소한 인플레이션까지는 커버할 수 있는 안정적인 기업이라는 전제하에서) 매도 시 시세차익을 거둘 수 있고, 주기적으로 배당을 통해 돈이 돈을 부르는 효과를 볼 수 있다. 주가 상승폭은 낮지만 보유하고 있는 현금자산을 주주에게 환원한다는 차원에서 배당률을 높게 잡는 경우는 흔하다. 특히 미국 주식이 그런 이유로 자주 언급된다. 삼성전자 주식만 여윳돈이 생길 때마다 꾸준히 매입해서 현재는 2만 5천 주를 보유한 분의 이야기를 들었다. 1주당 배당금 3백 원만 잡아도 매년 3천만 원이 배당금으로 꽂히는 셈이다. 회사를 꾸준히 다니시면서 정년퇴직을 앞두고 있다고 한다. 숨도 못 쉬게 돈을 모아 빠른 은퇴를 하는 파이어족이 유행인 요즘엔 좀 먼 나라 이야기 같지만, 실리콘밸리가 아닌 바에야 저쪽이 더 현실적이다.

물론 우리가 흔히 아는 아마존, 넷플릭스, 구글 등은 배당을 제공하지 않는다. AT&T 같은 회사는 배당률이 7%씩이나 되니 3% 금리도 높다고 느끼는 요즘의 상황을 생각하면 놀라운 금액이 아닐 수 없다. 그렇게 받은 배당금을 생활비로 쓰는 경우도 있고 주식을 추가 매입할 수도 있다. 여기에서 조심할 것은 배당수익은 불로소득이기 때문에 소득세율이 높고, 배당률은 해마다 달라질 수 있다는 것이다.

경제적자유는 배당금이, 목돈 마련은 시세차익을 통해 실현 가능한 것이 바로 주식의 매력이다. 그럼 지금의 나는 시세차익을 위한 매수를 해야 하는가, 배당금을 위한 매수를 해야 하는가를 정해야 할 때이다. '빚을 내서 투자해서는 안 된다'는 절대 원칙을 세워두고 이제 어떻게 투자하고 어떤 회사를 투자해야 하는지 본격적으로 공부해야 할 때이다.

경제적자유

물리적인 노동을 하지 않고도 생활을 유지할 수 있는 상태를 말한다. 생활을 유지한다는 것은 단순히 굶어 죽지 않는다는 개념이 아니라, 사회적 위치에 걸맞은 생활을 하고, 건강도 돌보고, 취미 생활도 여행도 느긋이 즐길 수 있을 정도의 여유를 말한다. 물리적 노동으로 벌어들이는 소득이 아닌 연금, 배당, 이자, 월세 등 자산이 벌어들이는 자본소득으로 생활하는 것이라고 보면 된다. 내가 돈을 만드는 것이 아니라 나의 돈이 새로운 돈을 만들어내는 구조를 세팅한 상태인 셈이다.

FIRE족

Financial Independence, Retire Early의 약자로, 경제적자유를 빠르게 실현한 조기 은퇴자를 말한다. 실리콘밸리에서 각종 벤처기업들이 폭발적인 성장을 하면서 보유하고 있는 지분의 가치가 급증하자, 극단적으로 적게 쓰고 돈을 모아 조기 은퇴를 하는 사람들이 생겨나기 시작했다. 페이스북이나 아마존 같은 회사의 초창기 참여 멤버를 떠올려 보자. 시작은 작았지만, 회사는 세계적인 수준으로 커졌고 회사에 투자한 지분이나 연봉은 기하급수적으로 늘었다. 이 정도 수준이라면 은퇴를 해도 되겠다 싶을 정도로 돈이 모여 정년퇴직이 아닌, 청년기 은퇴에 성공한 사람들이 생긴 것이다. 그런 사람들이 여기저기서 등장하자 말도 안 되게 작은 방에서 월세를 살고, 생활에 필요한 지출을 최소화시켜서 돈을 모아 조기 은퇴를 꿈꾸는 사람들이 나타난 것이다.

막연한 감과 촉으로만 주식을 사는 건 장기적으로 적절하지 않았다. 어쩌다 한번 재미 삼아 사 보는 게 아닌 바에야, 적지 않은 자금이 들어가기 시작한 지금에는 이제 공부라는 걸 해야겠다는 생각이 들었다.

처음 주식을 시작할 때는 '촉'이 좋은 사람이 주식을 잘하는 거라고 생각했다. 내가 넷플릭스를 샀고 수익을 냈던 건 비가 오면 우산이 잘 팔리겠다 정도 수준이었다. 한두 번은 괜찮은 결과를 낼 수 있어도 길게는 무리다. 종목에 대한 공부를 해야 하고, 공부를 통해 어떤 기업이 우수한 실적을 보이고 있는지 연구해야 한다. 기업의 어제와 오늘을 알아야 옥석을 가릴 수 있다.

기업 정보 기업가치의 기본은 재무제표에서 시작

한다. 기업이 굴러가는 곳곳에 혈관처럼 박혀 있는 자금의 흐름을 보여주는 자료들. 그것이 바로 재무제표이다.

기본적으로 주식시장에 상장될 정도의 규모를 갖춘 기업이라면 홈페이지에 재정 정보들이 다 노출되어 있다. 굳이 성실하게 홈페이지까지 들어가지 않아도 가까이 포털 사이트들에서 기업명을 검색하면 주식과 관련된 정보가 떠 있고, 그 안에 기업의 재무제표를 볼 수 있는 페이지가 다 있었다.

나는 동학개미답게 삼성전자를 검색했고, 내가 왜 그동안 이걸 찾아보지 않았는지 깨달았다. 나름 투자론, 파생상품 수업을 듣긴 들으면서 고개를 절레절레 흔들었던 이유는 중요한 단어들은 일반적으로 잘 사용하지 않는 한자어 아니면 영어 약자로 되어 있고, 한자어들은 회계 용어에 기반한다. 회계의 로직을 이해하기도 벅찼던 스무 살에게 투자 관련 각종 용어까지 한꺼번에 이해하기란 무리였다. 대체 난 왜 경영학과를 갔는지 지금도 잘 이해되지 않는다. 저런 용어들도 너무 다 낯설고 먼 나라 이야기였고 사실 지금도 대체로 그렇다. 다만 사회생활을 어느 정도 한 이후에야 재무제표가 어떤 의미의 표인지 조금씩 이해하기 시작했다.

일단 회계가 무엇인지 이해할 필요가 있다. 회계란 기업의 가계부를 작성하는 것이다. 흔히 가계부는 어디에 언제 얼마를 썼는지 기록하는 것이라고 생각하기 쉬운데, 가계부에서 사용한 돈의 용처, 규모, 빈도, 시기 등에 대한 분석을 하기 위한 가장 기본 자료를 제공하는 기록이다. 가계부의 진짜 목적은 단순한 기록이 아니라 언제 얼마가 들어오는지, 들어온 돈은 월세, 식비, 통신비, 운동, 교통비, 취미 활동비 등등의 항목으로 분류하고 그것을 적절한 시기에 문제 되지 않게 지출하고 최대한 많은 저축을 하기 위해 작성하는 것이다.

　　이 상황을 기업회계에 대입해서 생각해보자. 기업은 돈을 들여서 물건(혹은 서비스)을 만들어낸다. 보다 효율적인 결과물을 만들기 위해 설비투자도 하고, 연구개발 활동도 꾸준히 한다. 그렇게 만들어낸 상품을 유통 채널을 통해 판매하고 벌어들이는 수익은 이미 지출한 비용과 관련 세금을 제하고 회사의 진짜 수익으로 귀속시킨다. 그와 관련해 사용 혹은 적립되는 금액과 항목들을 매일매일 기록하고, 그 1년치 기록을 모아서 재무제표를 만드는 것이다.

　　혹 '뱅크샐러드'나 '브로콜리' 같은 서비스를 사용

한 적이 있다면 알 수 있을 것이다. 한 달치 예산을 설정하고, 그 예산에 맞게 사용했는지 확인할 수도 있고, 이미 지출한 내용들을 카테고리별로 모아 어디에 얼마나 지출했는지 볼 수도 있다. 그걸 보며 비정상적인 지출은 없는지 검토하고, 그런 지출이 합당한 지출이었는지 생각해보는 그런 리뷰의 과정을 거치는 것이다. 꾸준히 저축이나 투자 금액을 늘려나가면서 자본의 건전성을 유지하는 것이 가계부 어플의 핵심이다.

재무제표를 검토하는 과정은 연말정산과 매우 흡사하다. 연말정산에서는 명목소득인 연봉이 잡히고, 1년간 한 사람이 살아가는 데 필수적이라고 할 수 있는 각종 경비들을 공제하고 남은 소득을 실질소득이라고 판단한다. 실질소득 규모에 따라 세율을 정하고 소득세를 거둬가는 것이 연말정산이다.

기업의 재무제표를 보는 것은 연말정산하고 나면 받을 수 있는 원천징수 영수증과 비슷한 방식이다. 기업의 영업활동을 통해 수익을 창출하면 거기서 비용을 제하고 남은 돈이 이익이다. 손익계산서는 매우 복잡해 보이지만 총계와 소계만 구분할 줄 알면 누구나 읽을 수있다. 이 사실을 학생 때 제대로 이해했다면 회계 과목

항목	2015/12 (IFRS연결)	2016/12 (IFRS연결)	2017/12 (IFRS연결)	2018/12 (IFRS연결)	2019/12 (IFRS연결)	전년대비 (YoY)
매출액(수익)	2,006,534.8	2,018,667.5	2,395,753.8	2,437,714.2	2,304,008.8	-5.5
*내수	208,278.2				2,304,009.0	
*수출	1,798,256.6					
매출원가	1,234,821.2	1,202,777.2	1,292,906.6	1,323,944.1	1,472,395.5	11.2
매출총이익	771,713.6	815,890.3	1,102,847.2	1,113,770.0	831,613.3	-25.3
판매비와 관리비	507,579.2	523,483.6	566,396.8	524,903.4	553,928.2	5.5
영업이익	264,134.4	293,406.7	536,450.4	588,866.7	277,685.1	-52.8
*기타영업손익						
영업이익 (발표기준)			536,450.4	588,866.7	277,685.1	-52.8
*[구K-IFRS] 영업이익						
금융수익	105,148.8	113,856.5	97,373.9	99,993.2	101,616.3	1.6
금융원가	100,317.7	107,066.1	89,789.1	86,089.0	82,748.7	-3.9
기타영업외 손익	-20,374.9	7,744.5	15,910.1	3,430.2	3,639.6	6.1
종속기업, 공동지배기업및…	11,019.3	195.0	2,014.4	5,398.5	4,129.6	-23.5
법인세비용차감 전계속사업…	259,610.0	307,136.5	561,959.7	611,599.6	304,321.9	-50.2
법인세비용	69,008.5	79,875.6	140,092.2	168,151.0	86,933.2	-48.3
종속회사매수 일전순손익						
처분된 종속회사순익						
계속사업이익	190,601.4	227,260.9	421,867.5	443,448.6	217,388.7	-51.0
중단사업이익						
*중단사업 법인세효과						
당기순이익	190,601.4	227,260.9	421,867.5	443,448.6	217,388.7	-51.0

현실 손익계산서

손익계산서 단순 합산	단순 해석	주업과 부업
매출액	수입	
매출원가 ⊖	지출	
매출 총이익 ⊜	잔액	주업
판매비와 관리비 ⊖	지출	
영업이익 ⊜	잔액	
영업외수익, 금융수익, 기타수익 등 ⊕	수입	부업
영업외수익, 금융비용, 기타비용 등 ⊖	지출	
법인세비용차감전수익 ⊜	잔액	
법인세시용 ⊖	지출	주업과 부업
당기순이익 ⊜	잔액	

이 올 C로 남는 비극은 없었을 텐데.

삼성전자의 재무제표를 기준으로 살펴보자. 심플하게 빨간 상자만 따라가보면, 매출 총액에서 실제 생산에 들어간 비용인 매출원가를 빼면 매출 총이익이 나온다. 말하자면 매출 총이익은 기업의 실수령 소득인 셈이다. 매출 총이익에서 판매비와 관리비 등 영업활동에 직결되는 돈을 빼고 남은 돈은 영업이익이라고 부른다. 여기서 보험료, 이자비용, 기타 영업외비용 등을 계산하고 마지막으로 세금(법인세)까지 다 공제하고 나면 당기순이익이 나온다.

　　매출액이라는 연봉에서 매출원가를 비롯한 각종 비용을 제하고 남은 수익에 맞는 법인세율을 곱해 법인세비용을 산출하고 나면 그제야 비로소 실질소득인 당기순이익이 나오는 것이다.

　　그렇다. 주식을 하기 위해서는 저 고루하고 피곤한 띄어쓰기도 잘 안 하는 듯한 단어들을 익혀야 한다. 그럼 손익계산서가 왜 중요한지 생각해보자. 누구나 돈은 많이 벌고, 비용은 적게 써서 더 큰 이익을 남기고 싶어 한다. 경영활동은 더 큰 당기순이익을 위해 굴러가지만 때로는 연구개발비를 투자해야 할 수도 있고, 때로는 설비투자를 해야 할 수도 있다. 올해는 발생하지만 내년에는 발생하지 않을 비용이나 수익도 있을 수 있다. 기업의 재무제표는 1년을 보여주는 지표일 뿐, 기업의 전부를 속속들이 설명하는 지표는 아니다.

　　기업에 얼마나 부채가 있는지, 얼마의 소득이 있는지도 중요하지만 그 소득과 부채가 어떻게 형성되었고, 그것이 기업의 이후 영업활동에 얼마나 영향을 미칠 것인가를 아는 것이 매우 중요하다. 코로나 백신을 위해 연구개발 비용을 대폭 늘려 그로 인해 당기순이익이 파격적으로 줄었다고 해서 그 회사의 실적이 무조건 나쁘다고만 할 수는 없다는 뜻이다.

궁금한 기업이 있다면 재무제표를 검토하는 것이 기본 중에 기본일 것이다. 하지만 그건 생각보다 쉬운 일이 아니다. 그리고 손익계산서는 재정 상황을 검토하는 시작이지 끝은 아니다. 재무제표 3종 세트 중 하나인 재무상태표나 현금흐름표, 자본변동표 등 기업의 자금 흐름을 이해하는 데 필수적인 요소들은 이외에도 많다.

주가의 적정성을 보여주는 EPS(주당순이익), PER(주가수익비율), PBR(주가순자산비율), BPS(주당순자산가치) 같은 지표들은 손익계산서, 재무상태표 등을 이해하고 읽는다는 전제하에 유의미하다.

이런 내용을 우리가 일일이 다 파악하고 계산하기는 어렵다. 하지만 최소한 이런 정보들을 한 번에 볼 수 있는 사이트라도 둘러보려는 시도는 필요하다. 가장 접근성이 높은 채널은 역시 네이버 증권. 기업 정보, 애널리스트들의 평가, 시세, 공시 등 주식과 관련된 모든 기업정보가 총망라되어 있다고 해도 과언이 아니다. 어렵고 복잡한 단어들이 너무 많아서 하나하나 검색해가면서 봐야 하지만, 나는 그렇게 스스로 수고를 쌓아가지 않으면 공부가 되지 않는 사람이라 그냥 천천히 살펴보기로 했다. 그동안 무시하고 지나쳤던 수많은 정보들이 한꺼번에 쏟아졌다.

재무제표를 통해 기업의 현황을 파악했다면 그다음 단계의 공부는 재무제표상의 숫자로 진짜 가치를 확인하는 것이다. 그리기 위해서 알아야 할 네 가지가 있다.

바로 EPS와 PER, BPS와 PBR 그리고 ROE와 ROI이다.

1. EPS & PER

EPS(Earning Per Share, 주당순이익): 당기순이익을 해당 기업이 발행한 총주식수로 나눈 값을 가리킨다. 즉 기업이 1년간 벌어들인 수익 중 주주의 몫을 나타내는 것이다. 흔히 EPS가 높을수록 경영 실적이 양호하다는 뜻이며 배당 여력도 많으므로 주가에 긍정적인 영향을 미친다. 다만 주당순이익이 높다고 하여 반드시 배당 금액이 큰 것은 아니기 때문에 배당 관련 정보는 따로 확인해야 한다.

PER(Price Earning Ratio, 주가수익비율): 주가를 주당순이익으로 나눈 금액이다. 주식의 가격은 생선회와 같다. 시가. 즉, 오늘의 가격만 있다. 생선회의 가격이 적당한지의 여부는 많이 사 먹어보면 어느 정도 감을 잡을 수 있지만, 주가는 그렇게 사 모아본다고 해서 알 수 있는 것이 아니다. 그래서 여러 기준을 두고 가늠하기 위해 PER을 만든 것이다. 주식에 관심을 갖기 시작했다면 '고평가', '저평가'라는 단어를 한 번쯤은 접해보았을 것이다. PER은 이 기업의 주식이 실제 가치 대비 얼마나 고/저평가되었는지를 가늠하는 지표이다.

주식을 사려면 주식의 가격을 먼저 보게 된다. 어떤 주식은 3만 원이고, 어떤 주식은 1백만 원이다. 또 5천 원짜리 주식도 있다. 그럼 5천 원짜리 주식이 싸고, 1백만 원짜리 주식은 비싸다고 단언할 수 있는가? 1백만 원이 넘는 주식은 비싸니까 사면 안 되고 1만 원짜리 주식을 사야 하는가? 아니다. 주식의 가치는 기업의 가치와 연결되어 있다. 흔히 주식은 무릎에서 사서 어깨에서 팔라고 하는데, 어디가 어깨이고 어디가 무릎인지 알아야 사든지 할 것 아닌가! 주식의 가치, 즉 주가가 적정한지를 판단하는 기준이 바로 PER이다.

네이버 증권 페이지에서 '기업 정보'를 들어가면 애써 고생해서 재무제표를 뒤져보지 않아도 EPS와 PER에 대한 정보는 제공받을 수 있다. 가장 편안하고 익숙한 삼성전자의 사례를 보자.

삼성전자의 PER은 2020년 3월 기준으로 17.45이다. 이는 삼성전자의 주가를 EPS(주당순이익)로 나눈 값이다. 17.45의 의미는 이 PER의 계산 기준 시점의 당기순이익 17.45년어치를 합하면 현재 삼성전자 주식 전

체를 살 수 있다는 뜻이다.

　삼성전자 주식 전체를 살 수 있다는 말은 매년 벌어들이는 이익의 17.45배가 현재 삼성전자의 시가총액인 326조 원이 된다는 말이다. 즉 현재 삼성전자 주식의 주가는 이익의 17.45배에 거래되고 있다는 의미이다. 바꿔 말하면 PER이 낮을수록 주가가 상대적으로 저렴하게 거래되고 있다는 것을 의미한다.

　네이버 증권 기업 정보 하단에 보면 동일 업종 비교

동일업종비교 (업종명 : 반도체와 반도체 장비 | 재무정보: 2020.03 분기 기준)

종목별 (종목코드)	삼성전자 005930	SK하이닉스 000660	리노공업 058470	솔브레인홀딩스 036830	원익IPS 240810
현재가	54,700	83,200	127,700	95,900	33,550
전일대비	▼600	▼900	▲7,100	-0	▼250
등락률	-1.08%	-1.07%	+5.89%	0.00%	-0.74%
시가총액(억)	3,265,471	605,697	19,464	16,684	16,467
외국인취득률(%)	55.48	48.35	42.47	26.88	27.69
매출액(억)	553,252	71,989	519	2,526	1,820
영업이익(억)	64,473	8,003	199	482	145
조정영업이익	64,473	8,003	199	482	145
영업이익증가율(%)	-9.96	239.06	.89	37.39	55.22
당기순이익(억)	48,849	6,490	176	607	138
주당순이익(원)	719.83	890.32	1,152.17	3,445.75	280.46
ROE(%)	8.45	3.27	21.50	16.47	9.35
PER(배)	17.45	38.86	32.55	12.37	31.89
PBR(배)	1.44	1.18	6.47	1.84	2.80

가 나와 있다. 삼성전자와 같은 반도체 관련 장비 업체 카테고리에 들어가 있는 기업을 비교한 표가 나와 있다. PER만 놓고 보면 삼성전자의 PER은 17.45, SK하이닉스는 38.86이다. 당기순이익만으로 현재 시총에 도달할 수 있는 기간이 38년이 걸리는 기업과 17년이 걸리는 기업. 당신은 어떤 기업을 선택하겠는가?

물론 이건 업종에 따라 상황이 다 다르다. 성장성이 높은 분야로 떠오르고 있는 제약, 바이오, 5G, 전기차 등의 PER은 세 자릿수를 넘기는 경우가 허다하다. 비인기 업종이나 사양산업인 은행이나 건설주의 PER은 한 자리 숫자. 업종에 따라 편차가 크니 절대적으로 PER이 낮다는 것만으로 좋다 나쁘다를 가늠하긴 어렵다. 만약 비슷한 업종에서 비교한다면 충분히 참고할 만한 수치이다.

2. BPS & PBR

BPS(Book-value Per Share, 주당순자산가치): 재무상태표를 기준으로 총자산에서 부채를 빼면 기업의 순자산이 남는다. BPS는 이 순자산을 발행주식수로 나눈 수치를 말한다. 회계장부상 자산을 기준으로 한 주식 1주의 가격이다. 기업이 활동을 중단한 뒤 그 자산을 모든 주주들에게 나눠줄 경우 1주당 얼마씩 배분되는가를 나타내는 것으로, BPS가 높을수록 수익성 및 재무 건전성이 높아 투자가치가 높은 기업이라 할 수 있다.

PBR(Price Book-value Ratio, 주가순자산비율) : 주가를 BPS로 나눈 비율이다. PBR은 해당 종목의 단위 주가가 1주당 회계장부상 장부 가치 대비 몇 배로 거래되고 있는가를 보여준다. PBR이 1인 종목은 해당 종목의 주가가 1주당 장부 가치와 같다는 뜻이다. 대체로 PBR이 1이면 장부가 가격보다 낮게 거래되니 저평가되어 있다고 말하고, PBR이 1보다 큰 종목은 고평가되었다고 말한다. 저평가되어 있는 주식에 투자하는 것을 주식 투자의 기본으로 흔히들 말하는 것을 감안하면 PBR이 낮은 주식에 투자하면 보다 높은 수익을 기대할 수 있을 것이다.

　삼성전자의 PBR은 1.44배, BPS는 38,053원이다. 이 PBR은 현재 주가인 54,700원을 위에서 언급한 BPS으로 나누면 1.44라는 수치가 나온다는 것을 가리킨다. 이는 삼성전자의 주식은 삼성전자 준자산의 1.44배 수준으로

거래되고 있다는 뜻이다. 지금 당장 삼성전자를 장부상 가격으로 처분하면 받을 수 있는 가치의 1.44배 수준에서 주가가 형성되어 있다는 뜻이다.

PBR 역시 PER처럼 업종마다 평균치가 다르다. 또한 모든 회계장부가 기업의 가치를 완벽하게 보여주는 것은 아니다. 따라서 회계장부상 자산가치가 실제 가치를 반영하지 못하는 경우도 있다. 특히 가치가 수시로 변화하는 부동산이나, 악성 재고, 신규 설비투자 등의 가치는 우리가 머리로 생각하는 가치와 장부상 가치에 차이가 있을 수 있다.

또 저평가되었다고 해서 선택하는 것 역시 항상 좋은 결론은 아니다. 저평가된 상태에서 오래 유지되는 자산도 있을 수 있다. 아무도 찾아가지 않는 노지, 무덤이

잔뜩 있는 산을 자산으로 보유하고 있다면 그 자산의 가치가 올라가기 어려울 수도 있다.

PER과 PBR을 비교해보면 PER은 당기순이익, 즉 수익성을 기준으로 하며 PBR은 순자산, 즉 재무 상태를 기준으로 주가를 판단하는 지표이다. 두 가지 지표가 지니는 성격이 다른 만큼 지표 하나만으로 평가하기보다는 여러 지표를 두고 복합적으로 판단할 필요가 있다.

3. ROE & ROI

수익과 자산을 통해 '주식의 가치'를 판단하는 한편, ROI와 ROE는 경영 성과를 기준으로 투자 여부를 결정하는 지표이다. 재무제표상 자본은 주식에 의해 조달된 자금인 '자기자본'과 대출 등 차입을 통해 조달된 '타인자본'으로 구성된다.

ROE(Return on Equity, 자기자본이익률): 기업의 손익계산서상 순이익을 자기자본으로 나눈 비율을 가리킨다. 한마디로 경영자가 주주의 자본을 활용해 얼마나 이익을 만들어내고 있는가를 보여주는 지표이다. ROE가 높다는 것은 기업이 자본을 효율적으로 운영하고 이를 통해 이익을 많이 낸다는 뜻이며, ROE가 높을수록 투자된 자금이 빠른 속도로 늘어난다고 볼 수 있다. 세계적인 투자자 워런 버핏은 ROE가 15% 이상인 기업을 선호한다고도 하니 눈여겨보아야 할 지표 중 하나임이 분명하다.

ROI(Return on Investment, 투자자본수익률): 재무제표상 순이익을 재무제표상의 총자본인 '총투자액'으로 나누어 구한다. 경영성과를 종합적으로 측정하는 데 사용하는 지표 중 하나이다. ROE와 ROI는 투자자들이 투자를 결정할 때 고려하는 중요한 참고 지표다. ROI는 경영성과를 종합적으로 판단하지만, 타인자본의 사용으로 ROI가 증가하는 경우도 있어 기업의 효율성을 제대로 측정하지 못할 수도 있다. 이러한 단점을 ROE를 이용함으로써 보완할 수 있다.

여기서 주목해야 할 중요한 점은 바로 이 모든 지표가 '지난 경영 성과'를 보여주는 것이라는 점이다. 재무제표는 오늘, 그리고 내일의 가치가 반영되어 있는 것이 아니다. 그간의 기록을 수치화한 것이고, 아직 벌어지지 않은 미래의 이익이나 성과를 100% 추정할 수 있는 숫자는 아니라는 뜻이다. 뿐만 아니라 PER이나 PBR에서 이야기한 것처럼 업종마다 특성이 다르기 때문에 절대적인 숫자 하나만으로 판단할 수 있는 것이 아니다. 공부에는 끝이 없다.

영화가, 드라마가 달리 보인다
영화 〈빅 쇼트〉, 드라마 〈빌리언스〉, EBS 다큐 프라임 〈자본주의〉

돈을 벌려면 돈을 알아야 한다. 하지만 때때로 책은 우리에게 인내를 요한다. 모든 것이 낯선 상태에서 보다 빠르고 쉽게 경제관념을 만들어보고자 한다면 영화나 드라마를 통해 배우는 것도 추천할 만하다. 어렵고 복잡한 경제용어를 비교적 쉽고 친절하게 하나씩 단계별로 풀어가는 영화가 바로 〈빅 쇼트〉다.

〈빅 쇼트〉는 2008년 서브프라임 모기지론 사태가 어떻게 시작되었고 어떻게 흘러갔는지 볼 수 있는 영화이다. 우리로 치면 주택담보대출을 기반으로 금융상품을 만들고, 그 중에서도 신용도가 낮은 (질이 낮은) 주택담보대출로 다시 금융상품을 만들어 발생한 문제가 서브프라임 모기지론 사태이다. 우리나라의 경우는 담보대출이라고 해도 상대적으로 대출 승인이 까다로운데, 2008년 이전의 미국은 우리와 사뭇 상황이 달랐던 모양이다. 신용도가 낮은 사람에게도 대출을 무분별하게 승인했다. 소득이 낮지만 낮은 금리로 인해 쉽게 집을 산 사람들은 언젠가 집값이 오르면 대출은 쉽게 갚을 수 있다고 믿었다. 하지만 기대와 다르게 집값은 떨어졌고, 사람들은 파산했다.

여기까지는 그저 평범한 부동산 영화의 스토리라고 할 수 있겠지만, 영화 〈빅 쇼트〉는 그러한 비극으로 돈을 버는 사람들의 이야기를 다룬다. 미국 주택시장이 무너질 것을 예측한 펀드매니저가 모기지론이 부도날 경우 수익이 나는 '신용부도스와프'에 대규모 투자를 한다. 그리고 얼마나 많은 이들이 낮은 소득과 신용도에도 불구하고 대출을 받았는지 서브프라임, 즉 신용도가 낮은 사람들이 얼마나 많이 대출을 받았는지 알게 된 또 다른 펀드매니저들은 서브프라임 모기지론을 묶어서 또다른 파생상품을 만들기 시작한다. 부실한 대출끼리 묶어서 외적으로 멀쩡해보이는 파생상품으로 만들어두면 은행은 위험을 분산하는 효과를 갖게 된다.

가난한 사람들이 쉽게 대출을 받아 오직 빚만으로 쌓아올린 성은 집값이 떨어지면 대출을 갚을 수 없게 된다. 대출을 못 갚으면 담보인 집은 은행에 넘어가고, 월급은 차압당한다. 소득이 낮아지면 경제 활동이 위축되고 그로 인해 다른 누군가의 소득이 감소한다. 그리고 다시 감소한 소득으로 인해 대출 원금 혹은 이자를 상환하지 못하게 되고 연쇄적인 부도로 이어진다.

평범한 사람들이 망해가고 있는데 투자자들은 떼돈을 벌고, 대출을 주도하고, 파생상품을 팔아온 은행은 굳건하게 버틴다. 낮은 금리로 넘쳐나는 현금이 어떻게 서민들을 망가트리는지 볼 수 있고, 소위 전문가라고 불리우는 사람들이 그런 우울하고 비극적인 상황을 어떻게 이용하고 돈을 벌어들이는지 잘 보여준다. 영화는 꽤 무겁고 암울한 이야기인데, 중간중간 매우 친절하게 음식이나 게임

등으로 비유해서 설명해준다.

경제용어를 전혀 모르는 사람의 입장에서는 〈빅 쇼
트〉마저도 어렵고 힘든 소재일 수 있지만, 경제를
다룬 영화 중 이만큼 친절한 영화는 없을 것이다.
주식과 무슨 관련이 있겠냐 싶을 수 있지만 금리,
부동산, 주식, 파생상품이 어떻게 유기적으로 엮여
있는지 보기에 매우 좋은 영화다.

넷플릭스에서 볼 수 있는 미드 중에서 추천할 만한
작품은 〈빌리언스〉가 있다. 911 테러를 기회로 거
액을 거머쥔 천재적인 펀드매니저 바비 액설로드
와 그의 불법 거래를 잡아내기 위해 불철주야 노력
하는 척 로즈의 이야기이다. 바비 액설로드는 마치
펀드매니저계의 스티브 잡스 같은 인물로 인사이
트가 매우 뛰어난 사람이다. 911 테러로 인해 일시
적으로 항공 관련 주가가 급락할 것을 예측한 액설
로드는 두 번째 비행기 충돌이 발생하기 전에 항공
관련 주식에 공매도를 건다.

공매도란 말하자면 주식을 빌리고, 되돌려주는 과
정에서 시세차익을 노리는 것이라고 보면 된다. 돌
려줘야 하는 주식은 금액이 아닌, 주식의 수만 가
늠하고, 10원이었던 주식이 돌려줄 때 9원이 되었
다면 1원의 수익이 빌린 주식수만큼 발생하는 것
이라고 이해하면 된다.

전 세계를 충격에 빠트린 엄청난 테러로 인해 일시
적으로 주식시장은 공황 상태가 될 것이고, 특히
비행기 테러였던 만큼 항공, 여행 등 관련 주식이
급락할 것을 예측한 것이다. 짧은 시간에 엄청난
자본을 동원해 공매도를 시도했고, 그로 인해 거부
가 되었다.

돈이 돈을 부르고, 그렇게 모인 돈은 정보를 불러
엄청난 정보들이 바비 액설로드의 귀에 실시간으
로 들어가고 그는 더 큰 부자가 된다. 이 과정에서
내부자 거래 등 불법적인 거래 정황을 파악한 검찰
청에서 그를 잡기 위해 혈안이 되어 있는 상태에서
드라마가 시작한다. 물론 911 테러로 어떻게 돈을

벌었는지는 시즌 1 후반에 나오는 이야기이긴 하다. 막대한 자금, 쏟아지는 정보를 가장 정확한 타이밍에 현금화하는 재주를 가진 사람의 이야기. 펀드매니저이자 트레이더인 인물들이 등장하는 드라마이다.

EBS 다큐프라임 〈자본주의〉 역시 돈의 가치 그리고 재테크를 고민하는 사람이라면 한 번쯤 꼭 시청할 필요가 있는 다큐다. 은행이 어떻게 시작되었는가, 금리는 어떤 의미인가, 금리가 낮아지면 왜 물가가 오르는가, 파생상품이란 무엇이며, 소비란 어떤 식으로 이루어지는가, 자본주의는 무엇이며 어떻게 형성되었는가 등 돈과 관련한 중요한 이슈들을 다양한 각도에서 여러 소재를 통해 보여준다.

주식과 기업에 대한 공부를 할 때 제일 힘든 포인트는 오롯이 기업의 힘 하나만으로 주가가 변하는 것은 아니라는 점이다. 비가 오면 우산이 잘 팔리고, 해가 쨍하면 양산이 잘 팔리듯, 기업은 기업의 경영활동뿐 아니라 기업을 둘러싸고 있는 수많은 것들이 다 변수다. 코로나19의 등장으로 사람들의 돈이 위기의 순간 어디서 흘러 어디로 가는지, 사람들이 왜 주식을 하고, 땅을 사고, 금을 사고, 달러를 사는지 한 번에 보여주는 중요한 지표들이 여기저기서 튀어나왔다.

가장 대표적으로 영향을 주는 요소는 바로 경기이다. 코로나19의 확산을 막기 위해 출근과 등교 같은 매우 기본적인 생활까지 통제되는 극단적인 상황은 대한민국의 경기를 완전히 틀어쥐었다. 재택근무로 인해 직장인들을 대상으로 하는 요식업, 운송업은 즉각적으로 타격을 입었다. 수입은 당연히 감소했고, 사람들은 허리띠를 졸라매기 시작했다.

기업이 아무리 건강해도 코로나19 같은 전 세계적 대형 악재 앞에서는 어찌할 재간이 없다. 소비자들이 소비를 멈추면 기업의 매출이 감소한다. 매출이 감소하고 경영성과가 낮은 기업의 주식을 선호할 주주는 없다. 매출은 성장 가능성을 보여주는 중요한 지표니까. 그리고 그 모든 상황에 가장 선행적으로 반응하는 것이 바로 주식시장이다.

코로나19는 한국에서만 문제되는 바이러스가 아니었다. 미국, 유럽, 아시아권, 중동 등 다양한 지역과 대륙에 영향을 미쳤다. 그래서 미국에 본격적으로 코로나19가 확산되기 시작할 무렵 미국의 주가는 폭락했다. 주식과 관련한 모든 지표는 다 빨간색(한국 주식 시황판은 하락을 파란색으로, 미국은 하락을 빨간색으로 표시한다)이었다.

그 와중에 눈에 띄는 거래들이 있었으니 이름하여 '동학개미가 몰려든 삼성전자'. 은행 금리보다 높은 수준의 배당을 제공하고, 꾸준히 성장세를 기록할 것으로 기대가 큰 삼성전자의 주식에 소위 개미들의 돈이 몰려들었다. 가격이 떨어진 김에 사두면 언젠가 큰돈이 되리라는 기대가 있었던 것.

드라마 〈응답하라 1988〉에 은행원으로 등장하는 성동일의 대사 중 시청자들의 뒷목을 잡게 한 대사가 있었으니 "금리가 쪼까 떨어져서 15% 밖에 안 하지만". 그렇다. 우리는 제로금리 시대에 산다. 세전 5% 금리인 적금 상품에 서버가 다운될 정도로 뜨거운 반응을 보인다. 이제는 10%가 아니라 1%대 금리가 흔한 세상이다. 이런 상황에서 저금이 무슨 의미가 있겠는가. 최소한 배당으로라도 3%의 금리를 보장하는 주식시장에 사람들이 눈을 돌리는 것은 당연한 일이다.

비슷한 시기에 환율도 급등했다. 2019년 12월 말 달러당 1156.4원이었던 원달러환율은 올해 1월 말 1,191.8원이 되었고, 3월 19일 1,280원이 되었다. 공교롭게도 미국의 주요 기업들의 주식이 저점을 찍은 3월 16일과 매우 가까운 일정이다. 주식과 환율은 뗄려야 뗄 수 없는 관계이다. 한국의 주식시장에는 이미 너무나도 많은 외국인 투자자들이 들어와 있고, 각 기업들의 실질적인 주인은 외국인이 아닌가 하는 생각이 들 정도로 한국의 주요 기업들에 대주주들 중에는 외국계 투자사, 법인들이 포진해 있다.

그럼 빨간불이 켜진 주식시장에서 빠져나간 돈들은 어디로 갈까? 바로 안전자산인 금이었다. 아이의 백일 반지를 사러 2월 중순에 종로3가에서 금도매업을 하는 친구를 찾아갔다. 코로나의 여파로 금값이 요동치는 통에 문장 하나도 제대로 붙여 말할 새 없이 끊임없이 누군가와 통화를 하며 거래하고 있었다. 주식 시장에 빨간불이 켜지고, 심리적 불안감이 커지면 사람들은 안전자산을 찾게 되고 자연스럽게 달러와 금으로 시선을 돌리게 된다. 결국 제대로 대화도 하지 못하고 미리 이야기해둔 반지만 겨우 들고 나왔다.

그 와중에 중동에서는 유가가 마이너스를 기록했다. 중동의 기름값이 올라가면 생산 관련 각종 비용이 상승한다. 내려가면 비용은 감소하지만 유가와 관련한 파생상품들에는 손실이 발생한다. 비트코인이 흥하던 시절, 비트코인으로 큰돈을 번 누군가는 그걸 들고 다시 실물경제와 주식시장에 투자자금으로 들고 오기도 했다. 부동산시장의 수익률이 낮아지면 주식시장으로 자금이 들어온다. 반대로 부동산시장이 활황이면 다시 주식시장의 자금은 부동산으로 빠져나간다. 부동산, 주식 그 어떤 것도 정부의 정책으로부터 자유로운 것이 없으니, 정부의 정책 역시 예의 주시해야 하는 요소 중 하나이다.

금리, 경기, 환율, 해외 주식시장, 유가, 정부 정책 등 경제와 관련한 너무나 많은 요소들이 주식시장과 영향을 주고받는다. 단순히 기업을 잘 안다고 주식에서 높은 수익률을 거둘 수 있는 것은 아니다. 기업을 알고, 기업을 둘러싼 환경을 알고, 그 환경이 어떻게 변화하고 흘러가는지를 지켜보며 꾸준히 공부하는 자세가 필요하다. 그러려면 매우 부지런해야 한다. 적당한 선에서 남이 만들어놓은 정보만으로 내가 원하는 수준의 수익률을 내는 것은 어렵다.

그럼 난 어떤 투자자가 될 것인가? 이 세상의 흐름을 어떤 기준으로 읽고, 어떤 기업을 공부하고, 어떤 방식의 투자가를 선택할 것인가.

재테크를 고민할 때 제일 어려운 부분은 '어떻게'가 아니다. '왜'다. 나도 참 서툰 사람이지만 내 주위에는 유독 서툰 사람들이 많았다. 결혼한 지 10년이 다 되도록 집을 살 생각을 안 하는 커플에게 왜 집을 사지 않느냐고 물었다. "남편이 지금 상황에 만족하고 굳이 집을 사야 할 필요를 못 느낀다"고 답했다. 의지가 제로는 아닌 것 같아 보여 간간이 가격이 괜찮아 보이는 경매 물건이 보일 때마다 전달해주었지만 역시 무반응이었다. 경매가 어려워서라기보다는 그냥 마음이 없는 것 같았다. 재테크에 가장 큰 동력이 되는 것은 동기부여이다.

주식을 시작하는 많은 사람들이 노동 없이 돈을 벌고 싶어 시작한다. 답 없는 미래에 충분히 있을 수 있는 발상이다. 하지만 명확한 목표 의식 없이 그 복잡하고 어려운 공부를 시작하고, 도박에 가까운 투자를 하는 것은 쉬운 일이 아닌 듯하다. 막연하게 시작했다가 손해를 보면 타격이 크다. 사람의 성향이나 상황에 따라서 분명 다른 입장이 있겠지만, 스스로 왜 주식을 시작해야 하는지 큰 선을 정하고 들어가면 좋을 것 같다.

주식은 적은 돈으로 빠르게 돈을 불리고, 즉각적으로 현금화할 수 있는 몇 안 되는 시장이다. 1년 동안 52주 상종가를 쳐서 빠르게 10배로 수익을 보는 신기루 같은 상황이 나에게 일어날 수 있을 것이라는 부푼 꿈을 꾸고 시작하는 곳이 바로 주식시장이다. 그럼 고수들이 생각하는 아주 훌륭한 수익률은 얼마나 될까?

월가(街)의 전설이라 불리우는 피터 린치의 연간 수익률은 연 29% 정도라고 한다. 투자의 신이라 불리는 워런 버핏도 연평균 25% 정도의 수익률을 내고 있다. 세계 최고 수준의 투자 귀재들이 달성하는 연수익률도 30%가 되지 않는다. 1년에 25%. 그걸 넘어서는 게 얼마나 힘든 일인지 먼저 각인하고 주식을 시작하라고 권하고 싶다.

누구나 1백 배의 수익률을 거둘 수 있는 게 아니다. 그건 일종의 신기루 같은 것이다. 우리는 가장 극단적인 성공의 목표를 거대 자본을 누구보다 많은 정보를 가지고 운영하는 월가의 펀드매니저들보다 높게 잡는 것이 얼마나 허황된가. 연간 20%면 잭 팟이라 생각하자.

그다음 단계는 내가 가진 자금의 규모를 파악하고, 언제까지 필요한 돈인지를 명확히 하는 것이다. 자금이 필요한 시기가 빠르다면 빠른 대로, 느리다면 느린 대로 내가 기다리고 견딜 수 있는 마지노선을 정하는 것이다. 투자에 앞서 가장 먼저 해야 할 것은 나의 상태를 파악하는 것이다. 일시적인 손실이 발생하더라도 수익이 날 때까지 얼마나 기다릴 수 있는지는 자금의 용처에 따라 달라질 수 있을 것이다. 향후 1년간 쓸 일 없는 돈과 1개월 이내에 반드시 써야 하는 돈을 대하는 마음가짐은 다르지 않겠는가. 그런 후에 어떤 기업의 주식을 구매할지 정해야 한다.

1. 난 아직 종잣돈이 없고, 빠르게 목돈을 만들고 싶다

적은 돈으로 주식을 시작한 수많은 평범한 개미들의 고민이다. 작은 종잣돈으로 크게 불리고 싶어서 주식을 시작한다. 상대적으로 적은 자금을 빠르게 불리기 위해서는 짧은 기간 금전적인 이익을 보기 위해서라면 지금 당장 수익이 발생할 수 있는 주식이어야 할 테니, 현재 가치에 집중할 필요가 있다. 그렇다면 아마도 성장주 중에 선택하게 되지 않을까?

성장주는 앞으로 성장할 가능성이 큰 종목이다. 현재 성장률이 높고, 주식 역시 지속적으로 성장하고 있으며, 앞으로도 큰 성장이 기대되는 주식을 성장주라고 한다. 매출이 좋으니 재무구조도 탄탄하고, 시장점유율도 높고, 경영자도 유능하고 이후 지속적인 매출을 낼 수 있는 신제품이나 신기술이 있어서 미래에 큰 수익을 가져다줄 수 있는 주식이다. 가치주에 비해 현재 창출하는 이익은 적어 EPS는 낮지만 수익 규모와 비교할 때 주가가 높아서 PER과 PBR은 높은 편이다.

2. 돈은 필요한 게 맞지만, 그래도 시간 여유가 있다

투자에 대한 마음가짐은 역시 Part 1과 다르지 않아야 한다. 한 가지 다른 점이 있다면 '시간'이라는 무기가 있다는 것이다. 자본을 운용하는 데 있어 시간은 위대하다.

　2019년 6월 2백 달러를 상회하던 테슬라 주식이 2020년 8월 현재 2천 달러에 달한다. 매우 극단적인 사례이긴 하지만, 1년의 시간을 견디지 못하고 6개월 만에 매도했다면 2020년 1월 5백 달러에 만족해야 했을 것이다. 그러나 2020년 현재 2천 달러를 웃도는 주가를 알았다면 고작 6개월 만에 내다 파는 미련한 짓을 하는 사람은 없었을 것이다. 자본이 탄탄하고, 경영진이 과하게 유능하고, 이후 주목할 만한 비즈니스모델을 가지고 있긴 했으나, 아무도 예상하지 못했던 엄청난 성과다. 모든 사람들이 이런 성과를 기대힐 수는 없지만, 최소한 견디고 기다리는 것이 어떤 의미인지는 보여주는 사례라고 생각한다.

　2018년 중반에 2천 달러에 매수한 아마존을 보면서 고점에 샀다고 억울해했지만 2020년 8월 현재 3천 3백 달러를 넘어선다. 1천3백 달러대까지 떨어져서 상심했던 기억도 난다. 하지만 오늘의 결과는 '그때 있던 여유자금을 저기에 묻었어야 했는데'였다. 아마존은 이미 최근 5년간 모두가 주목하던 회사였다. 세계에서 가장 돈 많은 사내가 운영하는 기업. 미국은 물론, 전세계가 함께 이용하는 비즈니스. 미국 주식을 언급할 때마다 늘 다섯 손가락 안에 들던 기업.

여기서 중요한 것은, 매수하고 잊어도 될 만큼 확실한 성과를 가진 성장주를 매수한다는 것이다. 1~2년 이상 마음을 비우고 두어도 되는 돈을 묻어야 하는 것은 기본으로 하고 말이다.

3. 은행 이자 이상은 물론
노후 자금으로 유의미하길 원한다

한때 부자들의 투자법을 열심히 뒤져본 적이 있다. 특히, 자식들에게 어떤 주식을 증여하기를 원하는지, 혹은 이 주식만큼은 샀어야 했는데 하는 후회가 남는 주식 같은 정보들 말이다. 그때 제일 많이 등장하는 주식은 삼성전자였다. 가장 안정적이었고, 액면분할 이전까지 매우 드라마틱한 성장을 했던 기업이다. 뿐만 아니라 배당금도 분기마다 지급하고 있다. 배당금에 붙는 세금은 높지만 말이다.

그럼 우리는 여기서 역으로 생각해볼 수 있다. 우리는 길게 가져가는 주식을 어떤 기준으로 선택해야 하는 것인가. 삼성전자를 사라는 것이 아니다. 삼성전자와 같이 월드와이드로 매출을 보이는, 그리고 큰 규모를 지녀 지속적인 발전과 성장, 개혁을 거듭하는 기업을 선택하면 어떨까 하는 것이다. 지금 당장은 미미할 수 있으나 단돈 10만 원이라도 여유자금이 있을 때마다 꾸준히 사두어 언젠가 나이 들어 노후 자금으로까지 유용할 수 있는 회사를 찾는 것 말이다.

'왜'가 다르면 '어떻게'도 달라진다. 물론 이 모든 활동의 저변에는 기업과 사회, 경기 등에 대한 치열한 연구와 공부를 통해 도출한 확률 높은 '인사이트'가 있어야 한다는 점은 잊지 말아야 한다. 기업에 대한 공부 없이, 사회가 어떻게 변화하고 움직이는 것에 대한 아무런 학습과 연구 없이 막연한 '카더라'만으로 주식을 매수하면 패가망신한다. 누구를 원망할 수도, 그래서도 안 된다. 매 순간순간 내가 결정하고 진행하는 것이다. 그게 어려우면 그냥 펀드를 사라. 아니면 금을 사든가. 20년 전 1돈에 5만 원 하던 금값이 현재는 30만 원대이다. 불과 2년전만 해도 1돈에 20만 원 언저리였다. 어설프게 시작해서 망하느니 차라리 금이 나을 수도 있다.

결혼하고 2년 만에 아이가 생겼다. 비록 나의 하루하루는 괴로웠으나, 극악한 수준의 이벤트들과 비교하면 임신과 출산 과정은 그나마 비교적 순탄하게 흘러갔다고 생각한다. 그렇게 결혼을 하고, 집을 사고, 아이를 낳았다. 지하철역에서 좀 먼 30평대 아파트와 지하철역과 가깝지만 25평인 아파트 사이에서 고민하다 언젠가 태어날 아이를 위해 30평대 아파트를 골랐다.

부동산 가격이 미친 듯 요동쳤고, 내가 사는 한적한 동네에도 그 여파는 고스란히 왔다. 비록 강남이나 마포같이 뜨겁지는 않았어도 나의 선택이 경제적으로는 그다지 좋은 선택이 아니었음은 분명했고, 속이 쓰려왔다. 하지만 이내 아이가 생겼고 나는 여기저기서 받은 아이의 물건을 정리하며 '정리할 공간'이 있다는 사실에 안도했다. 최소한 내 아이에게 내가 생활했던 것보다는 좀 더 쾌적한 주거 환경을 제공할 수 있다는 사실에 다시 한번 안도했다. 아직 5센티미터도 채 되지 않는 작은 태아를 위해 만들어진 물건은 너무나도 많았다.

만약 저 물건을 다 사야 한다면 대체 얼마나 많은 돈이 필요할까? 그리고 저 아이가 태어나 자라면 얼마나 많은 것들이 더 필요하게 될까? 꼬물거리는 아이가 주는 신비감보다는 아이가 살아갈 미래가 더 궁금했다. 최소한 환경에 방해받지 않고 스스로 진로를 결정할 수 있는 여건을 만들어주고 싶었다. 난 독립 직전까지 부모님에게 의지했고, 독립을 기점으로 주거 문제까지 스스로 책임지는 삶을 시작했다. 아이가 독립적이기를 바라는 한편 아이러니하게도, 독립에 도움을 주고 싶었다. 아니, 자식의 대학교 등록금으로 휘청거렸던 부모의 삶을 답습하고 싶지 않다는 것이 더 정확한 표현일 듯하다.

아이가 태어나고 친척분들께 받은 축하금들을 차곡차곡 모아두었다. 그래도 출산휴가와 육아휴직 수당으로 어찌어찌 버틸 수 있겠다는 계산은 이미 아이 낳기 5개월

전에 끝나 있었다. 육아가 어느 정도 익숙해지고 어린이집을 가기 시작하고 나서 아이에게 통장을 개설해주러 은행에 갔다.

아이의 통장을 만드는 일은 생각보다 많이 번거로웠다. 물론 꼭 신생아가 아니더라도 신규로 통장을 개설하는 일이 쉽지 않아진지는 오래되었다. 주소지나 회사 근처라야 신규 거래가 겨우 가능하다. 하물며 사회생활 경험 따위는 티끌만큼도 없는 아기가 통장을 만드는 게 쉬울 리 없다.

일단 서류부터가 너무 복잡하다. 성인인 우리는 보통 신분증 하나만 있으면 되는데, 아이의 통장을 만들려면 가족관계증명서(아이의 이름으로 된), 기본증명서, 도장, 보호자의 신분증이 필요하다. 기본증명서라는 서류는 처음 들어봤다. 미리 만들어둔 도장을 챙기고 각종 서류들을 넉넉히 출력해 커피 한 잔을 입에 문 채 은행에 갔고 비장하게 말했다. "아기 통장 만들려고 하는데요. 주식계좌도 개설해주세요"라고. 은행 직원분도 비장하긴 마찬가지였다. "아. 아기 통장 만드는 데 시간 되게 오래 걸려요. 심지어 주식계좌까지 연결하시려면……"

알고 있다고 답했고 그날 그 은행원은 아이 통장과 관련 없는 다른 업무까지 꼬박 1시간을 나 때문에 매달려 있었다. 은행 계좌 트고, 인터넷뱅킹 가입하고, 거기에 주식계좌 신규 개설까지 하는 데 40분 이상은 잡고 가야 한다. 그렇게 1시간 내내 무언가를 끊임없이 써야 했다. 서명을 하거나, 관련 서류에 내용을 기입하거나.

비가 오는 날이었고, 유난히 대기 고객이 없는 날이었다. 그럼에도 점심시간을 잡아먹고 1시간이나 매달려 있는 손님이 예쁠 리 없다 싶었다. 지난한 업무처리를 해주신 은행원분께 작은 핸드크림을 사서 전하고 집으로 돌아왔다.

집에 들고 와서 공인인증서를 다운받고 인터넷뱅킹을 연결했다. 주식거래 앱을 다운받아 연결하면 끝나는 거였다. 은행에서 받은 통장에 있는 계좌번호를 쓰라고 하는데 이상하게 자꾸 번호가 틀렸다고 나오는 것이다. 분명 신한은행에서 만든 통장은 하나고, 그게 다인데 왜 틀렸다는 것인가! 분노에 분노를 거듭하다 찾아냈다. 은행 통장에 연결한 주식계좌는 별도의 주식용 계좌번호를 부여받는다는 것을.

언제나 좌충우돌은 나의 몫이다. 그렇게 오랜 시간

을 들여 어렵게 개설하고 와서 주식계좌 하나도 제대로 확인하지 못하고 1시간을 낑낑대다가 드디어 로그인에 성공했고 가지고 있던 소소하지만 결코 소소하지 않은 금액으로 매수 주문을 넣었다. 늘 그랬듯 나는 타이밍에 서는 똥손이라서 어차피 더 떨어지기를 기다리는 짓은 의미가 없었다. 그냥 주문을 넣었고 체결되기를 기다렸다가 앱을 껐다.

결국 나는 내 딸도 동학개미를 만들었다. 0세에 2천만 원, 10세에 2천만 원, 20세에 2천만 원, 30세에 5천만 원을 증여하면 합법적으로 세금을 내지 않고 자식에게 1억을 증여해줄 수 있다지만 나에게는 지금 당장 2백만 원도 큰돈이다. 집안 어른들이 건넨 축하금을 모아 당신의 손녀에게 주식을 사주었다는 말을 들은 시어머니는 "그냥 니들 쓰지"라고 하셨지만, 난 내 아이 몫으로 들어온 정성을 아이에게 남겨주고 싶었다. 지금 이 상태를 얼마나 오래 유지할지는 잘 모르겠지만. 올해로 17년째인 나의 사회생활에서 최근 6년간의 경제관의 변화는 매우 드라마틱했다.

부모님과 함께하는 삶을 통해 얼마나 큰 경제적인 이득을 취하고 있었는지 온몸으로 체감했고, 또 오로지

노동력만으로 이룰 수 있는 경제적 성취의 한계가 어떤 것인지도 명확하게 알았다. 대한민국의 자본주의는 증여 없이, 부모의 도움 없이 자신의 힘만으로 온전히 경제적 자립을 이루기 쉽지 않은 세상이다. 나의 아이가 훗날 어떤 선택을 하고 어떤 삶을 살게 될지는 알 수 없지만, 내 생활을 온전히 지켜내면서 아이에게 더 많은 것을 주고 싶었다.

아기 통장 개설

아직 신분증도 나오지 않은 어린 아이가 은행거래
를 하기 위해서는 아이의 이름으로 발급된 기본증
명서, 주민등록등본이 필요하다. 은행 방문일 기준
으로 3개월 이내에 발급된 서류여야 하며, 모두 주
민등록번호 뒷자리까지 공개되어 있는 서류여야
한다. 증명서 발급을 마쳤다면 거래에 사용할 도
장, 부모의 신분증과 함께 은행에 방문하면 된다.
은행에 따라서는 신규 거래를 개설하는 경우 1만
원을 주기도 하고, 청약통장 같은 상품에 가입하면
아이의 도장을 새로 선물하는 은행도 있다. 자유입
출입 통장은 한 달에 한 개만 개설할 수 있다. 여러
은행에서 만들려고 하는 거라면 발급 기간을 염두
에 두고 가야 한다.

은행 업무 시간 중 비교적 사람이 적고 한가한 시
간대를 추천한다. 예금계좌, 인터넷뱅킹, 주식계좌
개설까지 진행하면 1시간 이상이 걸릴 수도 있다.
만약 주식거래를 하고 싶다면 은행에 따라 해외 주

식을 거래할 수 없는 경우도 있다. KB국민은행, 우리은행, 하나은행, 기업은행을 통해 주식계좌를 개설하면 해외 주식도 거래할 수 있다.

한때 취미로 했던 일 중 하나는 사진 촬영. 정확히 해두자면 사진 촬영을 핑계로 카메라 사기였다. 남들이 많이 사는 흔템을 지향했던 나는 언제부턴가 남들이 잘 모를 법한 작고 특이한 카메라를 하나씩 사 모으기 시작했다. 내가 카메라를 팔까? 고민할 때 동호회 사람들이 해준 말이 있다.

"아서라. '기추'는 있어도 '기변'은 없다."

그랬다. 나는 기기 추가와 기기 변경의 갈림길에서 카메라를 팔아본 적이 없었다…… 아니다! 딱 한 번 팔아봤다. 비록 바디는 살짝 사용감이 있었지만, 그 정도 퀄리티의 렌즈를 그 정도 가격에 구할 수 없다는 걸 깨닫는 데 그리 긴 시간이 걸리지 않았다.

그랬다. 후회했다. 그 카메라 한 대를 사기 위해 얼마나 열심히 책을 뒤지고 공부했던가. 작동 원리가 무엇인지, 어떤 절차를 거쳐 카메라가 상을 인식하고 필름에 흔적을 남기는지 책을 보고 배웠다. 구조를 이해하고 나서 어떤 카메라들이 있는지 살폈다. 제조사, 제조사별 라인업, 각 라인업별로 크기, 무게를 비교하고 기능적인 장단점을 확인했다. 내 컬렉션의 기준은 가장 작은 카메라였다. 필름 SLR중 가장 작은 모델인 미놀타 MX로 대상을 정하고, 어떤 부분의 흠집을 유심히 봐야 하는지, 어디까지는 용납할 수 있는 흠집이고, 어디는 절대 그냥 넘어가서는 안 되는 결함인지 꼼꼼하게 공부했다. 그리고 우연히 황학동 벼룩시장에서 내가 원하는 컨디션과 가격의 카메라를 발견하고 네고 없이 바로 구매했다. 빛이 새어 들어가는 것을 막아주는 스펀지 교체 말고는 특별히 손댈 것이 없는 바디와 영롱하다고 느낄 정도로 깔끔한 렌즈의 조합을 만난 것이다.

팔고 한참이 지나서야 내가 그 카메라를 얼마나 신중하게 골랐고, 또 얼마나 거침없이 샀는지 또렷이 기억났다. 비록 중고 필름 카메라에 대한 수요도 예전 같지 않고, 감가상각으로 중고 상품은 무조건 가치가 떨어져야 맞건만 내가 사려고 마음먹은 모델들은 하나같이 가격이 떨어지지 않는다. 카메라에 대한 흥미가 떨어진 요즘도 가끔 생각한다. 그때 그 카메라를 팔지 말았어야 해. 그렇게 완벽하게 깔끔한 렌즈를 그 가격에 살 수가 없어…….

그렇다. 신중하게 고민하고, 공부해서 진짜 가치 있는 주식 하나를 사고, 그것을 긴 시간 보유하는 것. 그것이 나와 잘 맞는 투자였을지도 모른다. 하지만 주식은 그러기가 쉽지 않다. 끊임없이 새로운 정보가 들어오고 마음은 흔들리는 갈대가 된다.

주식과 부동산 부자들과 관련한 책을 읽어보면 그들의 결론은 하나였다. 최대한 저가에 사고, 팔지 않는다. 그 사업 분야의 가능성이 제로에 수렴하고 있다고 판단하지 않는 한, 팔지 않는다. 돈이 생길 때마다 조금씩 삼성전자 주식을 매수해 은퇴를 앞두고 2만 5천 주의 삼성전자 주식을 보유하셨다는 그분도, 세계적인 투자자 워런 버핏도, 1944년에 매수한 주식을 55년간 단 한 번도 매도하지 않고 백만장자가 된 앤 셰이버도 모두 신중하게 매수하고 장기간 보유했다. 그리고 인플레이션에 수익이 더해졌다.

　지금까지의 매수는 충동적이었고, 돈이 필요하면 매도했다. 하지만 모든 것이 아이가 태어나고 변화했다. 이제는 내가 살아갈 세상이 아닌, 아이가 살아갈 세상까지 머릿속에 넣어야 했다. 단기간에 목돈을 만드는 것도 중요하지만, 장기적으로 보유하고 이후에 변화할 세상에 대해 끊임없이 시뮬레이션해봐야 한다. 최대한의 상상력을 동원해 그림을 그리고 그 그림에 체계를 갖춘 논리적인 색을 칠하는 것이 주식 투자여야 한다.

　아이가 태어나고 친척분들이 이래저래 주신 용돈들을 알뜰히 모아두니 돈이 좀 됐다. 좀 발 빠르게 움직여 아이 이름으로 된 주식계좌를 진작 만들었어야 했는데 육아가 힘들다는 핑계로 한참 늦게 통장을 개설했고 그 와중에 다시 오르고 있는 삼성전자 우선주를 매수했다. 만 0세의 아이에게 선물로 주는 돈으로는 우량주가 적절하다고 생각했다. 성장 가능성이 있는 다른 주식을 사 주었어야 하는 것 아니냐는 남편의 말에 잠시 고민했지만 부자들이 자식들에게 사주는 1순위가 삼성전자라는 말에 나는 내 자식마저 동학개미로 만들어버렸다.

　나의 투자는 여전히 진행형이고, 대성공을 거뒀다

고는 말하기 어려운 상태이지만 몇 가지 흔들리지 않는 원칙은 가지고 있다.

빚내서 투자해서는 안 된다

빚내서 하는 주식 투자는 투자가 아니라 도박이다. 도박은 중독성이 커서 한번 시작하면 패가망신 하기 전까지는 끊을 수 없다.

신문 하나 정도는 구독해서 보자

경영학과를 졸업한 나 역시 신문의 경제면을 검색 없이 한 번에 술술 읽는 것이 어렵다. 학교에서 배우는 것은 그저 기초적인 소양일 뿐. 리얼 월드는 언제나 더 다이나믹하고 복잡하다. 한 2년 정도만 어떤 신문이든 구독해서 경제면만이라도 읽어보자. 온라인으로 보다보면 설렁설렁 넘기기 쉽다. 모든 신문은 중학교 2학년 정도 수준의 지적 능력을 가진 사람이 이해하기 좋은 수준의 언어를 구사하는 것을 기준으로 한다. 기사의 중간에는 반드시 기사의 주요 토픽에 대한 정의나 의미들이 포함

된다. 처음부터 정독하는 것은 어렵다. 경제나 정치면은 그저 단어 자체가 어려울 뿐이다. 첫 시작은 헤드라인이다. 헤드라인만 쭉 훑어보고 그중 궁금한 기사가 있다면 그 기사만 따로 찬찬히 읽어보자. 모르는 단어는 검색하다 보면 이해가 쌓이기 시작하는 순간이 온다. 경제용어에 대한 거부감이나 거리감을 줄여야 공부가 좀 더 쉬워진다.

공부하자, 공부해서 남 주면 돈도 주는 세상이다

이 콘텐츠를 읽는 사람들은 이제 재테크를 처음으로 접하는 사람일 가능성이 높다. 그리고 나이가 마흔에 들어선 나도 재테크는 여전히 새롭고 어려운 세계이다. 그럴수록 눈을 뜨고, 귀를 열어 세상이 어떻게 돌아가는지 확인해야 한다. 내가 손에 쥔 돈은 최소 주 40시간 이상, 내가 눈뜨고 누군가를 위해 몸과 마음을 혹사시켜가며 힘들게 번 것이다. 그 돈을 허망하게 날리지 않으려면 세상이 어떻게 돌아가고 있고, 투자할 기업이 어떤 사업을 하는 기업인지는 정확하게 알아야 한다. 기본적인 정보들은 누구나 공평하게 접할 수 있다. 중요한 것은 주어진 정보를 어떻게 해석하고 이해하느냐다. 해석을 위한 공부. 우리에겐 그게 필요하다. 언제까지 감으로만 투자할 것인가.

모든 투자에는 비용과 세금이 따라다닌다는 것을 잊지 마라

그 어떤 투자도 실물 세계와 동떨어진 투자란 있을 수 없다. 돈과 관련한 모든 요소들은 유기적으로 연결되어 있고, 모든 거래 행위에는 법적책임이 따라다니며, 비용과 세금은 무조건 발생한다. 내가 고생해서 번 돈을 왜 뜯어가냐고 따지기에 앞서, 합리적이고 합법적인 비용 최소화 방법을 늘 염두에 두어야 한다. 기업의 당기순수익은 법인세를 제한 후 금액이다. 나의 재테크 역시 세금과 관련 비용을 제외한 비용이 진짜 수익임을 잊어서는 안 된다. 주식은 거래세와 매매수수료, 양도소득세 등의 비용과 세금이 발생한다.

주식시장은 외국인 투자자, 기관투자자, 투자전문가, 개미 등으로 구성된다. 주식 가격을 결정하는 중요한 정보들은 큰돈과 함께 움직인다고 생각하면 된다. 혹여 누군가가 '이건 비밀인데'로 시작하는 정보—일명 '소스'—를 흘린다면 그것은 더 이상 비밀이 아니다. 우리 같은 개미 투자자들이 아는 비밀은 비밀이 아니다. 부화뇌동하지 말자. 내가 아는 정보라면 이미 더 큰돈을 쥐고 움직이는 사람들 사이에 먼저 한 바퀴 돌고 난 후에 떨어지는 정보다. 그것이 진짜 돈이 되는 정보라고 생각하지 마라.

3장

보이는 만큼 수익이 난다: 정보 수집 습관화하기

2016년 처음으로 주식을 매수해 2020년 오늘까지 6년째 아주 소소하게 주식 투자를 이어가고 있다. 막연한 동경이나 관심으로 시작한 주식 투자의 중간 결론은, 나는 간이 작은 투자자라는 점이다. 투자 금액 기준으로 하면 1백만 원 내외의 소소한 투자건이 2건, 그리고 5백만 원이 넘는 건이 하나, 1천만 원이 넘는 건이 하나. 이렇게 총 네 가지의 주식을 보유하고 있다. 모두가 마이너스를 향해 달려갈 때, 유일하게 아마존이 승승장구해주어 1천만 원 상회하는 수익을 확보했다. 마이너스인 자잘한 주식 두 가지를 정리해도 아마존 한 주를 사지 못하는 지경으로 올랐으니 나의 수익률은 오로지 아마존이 끌고 가고 있는 셈이다. 2020년 8월 현재 나의 투자수익률은 50%이다.

　동학개미운동을 기점으로 나같은 소소한 투자자들이 주식시장에 대거 몰려 있다. 심지어 신용대출 금리가 최저 1%대이니 코로나로 인해 미친듯이 등락을 거듭하는 요즘의 주식시장은 저점에서 사서 대박을 맛보고 싶은 이들에게 더없는 기회의 장이다.

　주택담보대출로 이미 인생에 360개월 장기 할부가 걸려 있는 팔자에 신용 대출까지 뚫고 들어가는 건 문자 그대로 도박이다. 철저하게 여유자금으로 굴려야 하는 것이 주식이라고 생각했기에 아무리 누군가가 떼돈을 벌었대도 크게 흔들리지 않았다. 하지만 생각보다 위기는 가까이 있었다.

　코로나로 인해 유난히 등락이 심해진 제약 관련 주식 중 신풍제약이 있다. 최근 1년 사이에 최저점 5천 원대에서 최고점 15만 원대까지 드라마틱한 등락을 보여준 주식이다. 아주 가까운 지인과 재테크와 관련한 이야기를 하다가 우연히 신풍제약에 투자해 제법 재미를 보았다는 이야기를 듣게 되었다.

　최근 1년간의 시세 그래프를 보면 2020년 1월까지는 거래 자체가 거의 없었다. 2월부터 거래량이 폭증하

신풍제약 019170 코스피 2020.08.21 기준(장마감) 기업개요 매각정보

91,000 전일대비 ▼2,200 -2.36%

기 시작했고 급기야 7월이 되자 드라마틱하게 주가가 오르기 시작했다. 지인의 추천으로 시작한 신풍제약은 아주 효자였다. 7천원에 매수한 지인은 10만 원 언더에서 1차 매도를 하고 다시 10민 원대에서 새매수를 했다. 나의 지인은 7천원에 매수해서 10만 원대에 매도를 했고, 다시 10만 원대에서 15만 원까지 올라가다가 갑자기 눈앞에서 7만 원까지 떨어지는 것을 보았다고 했다. 신풍제약을 추천한 이로부터 급락한 시점에 지금이라도 매도를 하라고 연락을 받았지만 이미 손실을 본 상태에서 매도를 할 수는 없었다고 한다.

7천 원에 매수해서 7만 원까지 간 거라면 그는 10배의 시세차익을 거두었다. 불과 6개월 남짓 되는 짧은 시간에 말이다. 하지만 그의 입에서는 '손실'이라는

말이 나왔다. 그랬다. 10만 원대에서 매도했을 때 이미 이익 실현을 했으니 재투자를 하지 않았으면 손실이 아니었을 것이다. 여기서 다시 한번 매수하면서 그때부터 실현된 수익은 원금이 된다. 인간의 마음이란 그런 것이다. 지금 매도를 해도 이미 이전에 비해 많이 번 것이지만 15만 원의 마법이 돌아올 때까지 그는 매도를 결정하지 않을 것 같았다.

10배. 그 단어가 내 마음을 흔들었다. 코로나가 덮치고 프리랜서인 신랑은 경제활동을 거의 못 하고 있었다. 백신이 나오고, 안정성이 확보될 때까지 그 상황은 쉽게 변하지 않을 것이다. 만약 우리가 5천만 원을 신용대출을 해서 10배의 수익을 번다면? 아이의 잠투정으로 인해 잠이 깨어버린 새벽 시간, 나는 침대맡에 웅크리고 앉아 사지도 않은 주식의 10배의 수익을 그리고 있었다.

5천만 원으로 10배를 만들면 5억. 그걸 다시 저평가된 초저렴 주식에 대거 투입하면 50억. 그리고 그걸 3번째 저평가주에 투자해 5배로 불리면 150억. 나는 단 10초 만에 150억 원을 현금으로 가진 자산가의 삶을 그리고 있었다. 그 정도면 부동산과 배당주에 적당히 분산

투자를 하고 현금 5억 정도는 다시 하이에나처럼 저평
가된 주식을 물고 내던져도 화내지 않고 살 수 있는 삶
이 되지 않을까? 생각했다. 나의 현실은 젖먹이 아이를
달래며 밤잠을 설치고 있는 2천만 원대의 투자자인데
말이다. 자칭 우리 집 똥손 신랑은 이 허황된 '빅 픽처'를
듣고 간단하게 상황을 정리했다.

　"신용대출 받고 주식하기만 해. 그럼 나도 대출받
고 주식 시작할 거야."

그래. 똥손 황서방께서 주식을 시작하게 두면 안 되지.
옛날 옛적에 사둔 OCI의 주식이 몇 주나, 어느 증권사
계좌에 있는지도 기억하지 못하는 자다. 당연히 OCI가
뭐 하는 회사인지도 모르고 말이다. 그도 안다. 지금 저
말도 안 되는 그림으로 누군가는 돈을 벌 수 있지만, 그
걸 내 몫으로 만들기 위해 빚을 내서는 안 되는 것을. 나
도 안다. 머리로 그림은 그려보았지만 그러지 않을 것
이라는 것을. 난 가만히 앉아서 1천만 원의 수익을 거두
었고, 그것에 만족하는 것이 옳다. 최소한 빚 없는 투자
를 이어가기 위해서는 말이다. 배당으로 받은 3만 원에
약간 더 붙여 한두 주의 삼성전자 주식을 추가 매수하는

선이 오늘의 내가 할 수 있는 유일한 투자이다.

주식은커녕 재테크에 '재' 자도 모르던 사람들이 부동산과 주식에 흔들리고 있다. 또 다른 지인이 몇 년 전 주거에 대한 이야기를 하다 "가난할수록 서울에 집을 사야 하는 것 같아요"라고 했다. 그래서 나는 살 거면 최대한 빨리 사라고 했다. 서울 아파트는 이미 드라마틱하게 오르고 있었으니까. 월세 50만 원을 낼 거면 월세보다는 은행 이자로 내는 편이 낫다고 생각한다. 경기에 영향을 많이 받는 일을 하는 지인은 코로나가 아니었어도 이미 불황으로 인해 수입이 확 꺾인 상태였다. 제법 비쌌던 수입차도 정리했고, 부동산 경매를 배우기 위해 학원을 다니기 시작했다. 그리고 최근 주식을 시작했다고 했다. 대화를 이어가던 중에 연일 상종가를 이어가는 어느 기업의 주가를 언급하며 "이건 이제 고점이겠지?"라고 중얼거렸다. 지난 몇 년간의 상황을 지켜보건대, 그 주식은 이제 시작일 것이다. 왜냐하면 코로나를 기점으로 기존에 꾸준히 달라지고 있던 핵심 산업의 축이 아주 분명하게 변했기 때문이다.

2007년과 2020년 전 세계 시총 10위 기업을 비교해보았다. 10년이 넘어도 10위 안에 잔류하고 있는 기

2007년 5월 말	순위	2020년 8월 초
엑슨모빌(미국) 4,685억 달러	1	애플(미국) 19,003억 달러
GE(미국) 3,866억 달러	2	사우디아람코(사우디아라비아) 17,572억 달러
마이크로소프트(미국) 2,936억 달러	3	마이크로소프트(미국) 16,079억 달러
씨티그룹(미국) 2,695억 달러	4	아마존(미국) 15,865억 달러
페트로차이나(중국) 2,618억 달러	5	구글(미국) 10,175억 달러
AT&T(미국) 2,548억 달러	6	페이스북(미국) 7,647억 달러
로열더치쉘(영국) 2,408억 달러	7	알리바바(중국) 7,037억 달러
뱅크오브아메리카(미국) 2,250억 달러	8	텐센트(중국) 6,521억 달러
중국공상은행(중국) 2,233억 달러	9	버크셔 해서웨이(미국) 5,092억 달러
토요타(일본) 2,163억 달러	10	존슨앤드존슨(미국) 3,912억 달러

업은 마이크로소프트뿐이다. 생산(GE, 토요타), 금융(씨티그룹, 뱅크오브아메리카, 중국공상은행), 석유(엑슨모빌, 페트로차이나, 로열더치쉘)은 순위권에서 사라지고 ― 애플은 생산이라고 말하기 좀 애매한 지점이 있다 ― 애플, 아마존, 구글, 페이스북, 알리바바, 텐센트 같은 IT 관련 주식이 상위 10위권 대부분을 차지하고 있다. 거의 유일하게 남은 실물 생산기업은 존슨앤드존슨이라고 본다.

중국발 코로나는 IT 관련주를 대세로 고착시켰다. 대면 서비스는 침체되고, 비대면 서비스가 떠올랐다. 사람이 해결하지 못하는 틈새를 시스템으로 메우고 있다. 자동화, 기계화는 장기적으로 인건비라는 고정비를 낮추는 역할을 하고 있다. 이미 대부분의 생산공정은 자동화 시스템으로 대체된 지 오래고, 사람이 직접 대면해야 하는 각종 서비스들은 산업 자체가 고사되거나, 온라인을 통해 제공할 수 있는 방안을 개발해야 하는 시점이 되었다.

모든 영역에서 비대면과 관련한 서비스들이 기대주로 떠오르고 있었다. 이미 화폐는 신용카드의 등장으로 설 자리를 잃었다. 한국에서 특히 활발하게 사용되

테슬라
NASDAQ: TSLA

+ 팔로우

2,049.98 USD +48.15 (2.41%) ↑
폐장: 8월 21일 오후 7:59 GMT-4 · 면책조항
폐장 후 2,042.50 -7.48 (0.36%)

| 1일 | 5일 | 1개월 | 6개월 | YTD | **1년** | 5년 | 최대 |

211.40 USD 2019년 8월 23일

시가	2,044.76	배당수익률	-
최고	2,095.49	전일 종가	2,001.83
최저	2,025.05	52-주 최고	2,095.49
시가총액	3820.38억	52-주 최저	211.00
주가수익률	1,054.89		

던 신용카드는 비접촉, 비대면으로 가능한 각종 간편결제 시스템들에 밀릴 것이다. 삼성페이, 카카오페이, 네이버페이도 모자라 각 지방자치단체에서 자체적으로 페이 결제를 유도하고 있다. 지자체에서도 자금이 오고가는 과정에서 발생할 이자가 매력적일 터. 여기에 코로나 지원금으로 지역페이들이 활용되면서, 새로운 결제 시스템의 등장이 낯설 중장년층에게 한 걸음 가까이 다가가는 역할을 했다. 페이 결제를 위한 시스템 구축도 빠르게 이루어져 서울의 경우 웬만한 소상공인들은 지역

페이 결제가 가능하게 세팅되었다. 말은 안 통해도 어딜 가나 '알리페이' 결제용 QR코드는 찰떡같이 붙어 있던 상하이가 떠올랐다. 구걸하는 거지들도 알리페이로 받는다는 중국의 일이 이제는 남 일이 아니게 되었다.

가장 고전적인 생산 산업 중 하나인 자동차 산업에도 충격적인 바람이 불고 있다. 고작 1년 사이에 10배로 떡상한 테슬라가 전기자동차와 수소차에 대한 관심을 불러일으키고 있다. 이제 서울에서도 테슬라를 꽤 흔하게 볼 수 있을 정도이다.

자동차의 패러다임을 바꾼 테슬라는 무려 딜러를 직접 만나지 않고 온라인상에서 원하는 옵션을 직접 선택해 차를 주문하는 시스템을 구축해 판매를 하고 있다. 단순히 전기차가 환경보호에 도움이 된다는 개념을 떠나, 차의 구성을 직접 커스텀하고 싶은 욕구와 비대면, 비접촉이라는 코로나 시대의 니즈가 절묘하게 어우러진 상태인 것이다.

코로나로 인해 바뀐 삶의 방향은 생각보다 쉽게 돌아오지 않을 것이다. 기업은 이미 어떤 식으로든 비용을 절감하는 쪽으로 조직구조를 변화시켰을 것이고, 한번 바뀐 흐름은 역류하기 어렵다. 비가 오면 우산 장사가 흥하고, 날이 맑으면 양산 장사가 흥하듯 모든 일에는 승자가 있게 마련이다.

　새로운 이슈가 생길 때마다 고민한다. 저 상황의 파급효과는 무엇인가, 누가 이기고 누가 지는가, 누구에게 장기적으로 이득이고 누구에게 손해인가, 무엇이 필요하고 무엇이 버려지는가, 관련된 저 회사는 상장사인가 아닌가, 상장을 했다면 주식은 얼마인가, 상장을 안 했다면 상장 가능성은 있는가. 기회를 만들기 위해서는 흥하기 전, 가능성을 발견해야 한다. 최대한 상상력을 발휘하여 가능성을 발견하면, 그 가능성을 이성적으로 점검하고 최종적인 투자 대상을 선별해야 한다.

　각자의 현재 위치에 따라 물론 투자의 스탠스는 달라진다. 초기에 목돈 마련을 원하는 투자자라면 당연히 저평가된 주식을 사서 빠른 시간 안에 이익 실현에 들어가야 하고, 이미 목돈은 있고 이것을 좀 더 안정적으로 운용하기를 바란다면 시총 상위 20위권 이내에서 적당한 주식을 고르는 게 나을 수 있다.

　난 종잣돈은 작지만 후자를 선택했다. 가진 것을 잃고 싶지 않으니까. 사람들이 많이 모이는 곳을 보면서 나도 가서 놀아볼까를 고민하던 사람에서, 저건 누가 왜 벌인 판인가를 살피는 사람으로 조금씩 변화하고 있다. 오늘도 나 자신에게 말한다. 빚지지 말자. 가진 것을 잘 지키자. 허황된 꿈은 꾸지 말자. 일상의 소소한 성공들을 예민하게 관찰하고 공부하자. 어떤 투자자의 삶을 선택할 것인가는 본인의 몫이다.

손절. 아마도 원래는 손절매를 부르는 말이었을 것이다. 損切賣. 덜 손, 끊을 절, 팔 매. 앞으로 주가(株價)가 더욱 하락할 것으로 예상하여, 가지고 있는 주식을 매입 가격 이하로 손해를 감수하고 파는 일이다. 반대는 익절(益切) 이 있다. 적당한 선에서 이익을 취하고 주식을 매도하는 것을 말한다. 주식을 하는 어느 누가 손절을 바랄까마 는, 그럼에도 불구하고 안 될 것 같으면 접어야 한다. 그 래야 더 큰 손해를 막을 수 있다. 많은 사람들이 손절의 타이밍을 고민한다. 나 또한 그랬다. 손해가 난 상태에 서 오래 방치된 주식이 두 가지가 있었다. 우리 집 똥손, 황서방이 낙점해준 종목이었다.

바로 아시아나와 대마 관련주인 캐노피 그로스였

다. 아니 정확하게는 그전에 한 개 더, 대마 관련 주가 있었지만 그래도 그 주식은 본전은 보고 정리했다.

대우건설 이수를 시작으로 한때 재계 10위권에 있던 거대 그룹 금호가 망가지기 시작했다. 금호종합금융을 매각했고, 대한통운을 인수했고, 이후 경영권 분쟁이 발생했다. 대우건설과 금호에스티가 한국산업은행에, 금호환경기술이 LG그룹에 매각되었다. 금호타이어가 워크아웃을 시작했고, 금호생명보험도 한국산업은행 계열로 편입되었다. 금호석유화학 계열이 그룹에서 분리되었고, 대한통운은 결국 CJ에 팔렸고, 급기야 아시아나항공을 시장에 내놓았다. 팔기 위해서.

금호그룹에서 굳이 금호아시아나그룹으로 명칭을 바꿀 만큼 아시아나항공에 대한 애정이 남달랐던 금호그룹이다. 실제 그룹의 규모에 비해 금호아시아나그룹을 크게 보는 사람이 많은데, 그 이유 중 하나가 바로 아시아나항공이다. 비행기가 크니까. 큰 비행기를 수십 대 운영하고, 국적기라 부르고 있으니까. 그 정도 규모면 꽤 큰 회사일 것이라고 막연하게 생각했다. 나도 그랬다. 하지만 대한항공과 비교하면 취항지가 그렇게 적은지에 대해서는, 또 그것이 기업의 규모와도 연관이 있음은 뒤늦게 알았다.

　여하간, 중요한 건 나는 이 아시아나항공의 주식을 매각 소식이 나온 후에 샀다. 항공은 말하자면 국가 기간산업이다. 공항시설과 항공기는 단순한 기업의 재산이라고만 하기에 애매한 부분이 있다. 남편은 이렇게 큰 항공사가 망했다면, 그리고 그게 국적기 항공사라면 결국 누군가가 인수하게 되어 있고, 뉴스에서 언급되는 대기업에서 인수한다면 오히려 지금보다 사정이 더 나아질지도 모른다고 말했다.

　지금도 그렇지만, 당시 보유하고 있던 현금은 얼마 되지 않았다. SK 같은 대기업의 이름이 거론될 때마다 아시아나항공의 주가는 요동쳤다. 지금 사고, 인수가 되면 주가는 더 오르지 않겠느냐고 했다. 때는 2019년 하반기 코로나 사태 전이었다. 없어지기에는 덩치가 큰 기업이라는 생각에는 동의했다. 1백만 원 안팎의 현금밖에 없었으니 그냥 없어도 되는 돈이려니 싶은 마음으로 매수했다. 무려 주당 1만 원에.

　매각 대상자가 확정되고도 주가는 오르지 않았다. 코로나가 터졌고 꼭 아시아나항공이 아니어도 항공주는 대부분 하락했다. 그리고 HDC현대산업개발에서는 실사를 했고, 사전에 알려졌던 것보다 부채 규모가 컸다. 매각을 포기할 것 같다는 기사가 나오기 시작했다. 어차피 본전이 되려면 앞으로도 몇 년이 더 걸릴 거라고 생각했지만, HDC현대산업개발에서 매각을 포기하게 된다면 본전은커녕 깡통이 될 수도 있다는 위기의식이 들었다. 여기까지만 해도 언젠가 또 누군가가 인수 의사를 밝히면 본전은 찾지 않을까? 하는 막연한 생각을 했다. 그때 아시아나항공의 '감자' 소식이 들렸다.

감자. 먹는 감자. 그거 아니다. '자본감소'의 약자가 감자다. 반대는 '자본증가'를 의미하는 증자. 기업이 어떤 이유로 자본총액을 줄이는 것이다. 하지만 그게 뭐든 줄어든다는 것이 좋은 일이 아닐 것이라는 것은 꼭 주식투자를 하는 사람이 아니어도 알 수 있다. 이론적으로는 과대 자본을 시정하기 위한 행위이다. 하지만 주식시장에서 자본 잠식에 빠지게 되면, 최악의 경우 상장폐지까지도 가능하다. 쉽게 말하면 돈이 없어도 너무 없으면 한국거래소에서 "너 주식시장에서 아웃! 이 정도로 돈이 없는데 무슨 기업 행위를 해!"라고 선언해주는 것이다. 한국거래소는 최근 사업연도 사업보고서상 자본 잠식률이 50% 이상인 경우 관리종목으로 지정하고, 50%

이상 자본 잠식 상태가 2년 연속 이어지면 상장폐지된다. 그 말은 내가 쥐고 있던 주식이 휴지 조각이 된다는 뜻이다.

자본 잠식 상태란 회계상 자본금보다 자본총계가 적을 때를 말한다. 계속 회계상이라는 말을 하는 이유는, 실제 그 기업이 얼마나 돈을 가지고 있는지는 중요하지 않다는 뜻이다. 회계장부상에서조차 자본금이 자본총계보다 적다는 것은 집안 구석구석 다 뒤집어서 돈될 만한 것을 다 끄집어내도, 마이너스라는 뜻이다. 그러니 자본금의 가치를 낮추면 회계장부만 봐서는 그래도 좀 나아 보이는 효과가 있는 셈이다.

그럼 난 이 시점에 왜 주식을 팔아야 했는가! 일단 돈을 묻은 시점을 기준으로 마이너스 상태가 오래 유지되었다. 그 정도 규모의 회사가 자본 잠식 일보 직전인 상태에서 버티고 있다는 것은 자력으로 상황을 반전시키는 것이 불가능하다는 뜻이다. 1조가 넘는 천문학적인 숫자의 자금이 투입되어야 하는데, 그러기엔 코로나19의 여파가 생각보다 유장하다. 대한항공처럼 비행기의 의자를 다 떼서 항공기로라도 돌릴 정도의 결단을 내릴 사람도 없다. 그런데 매각 딜이 깨질 위기 앞에 있는

데, 감자까지 해서 최종적으로 돈이 들어오는 시점까지 버틸 여력을 만들어야 한다는 건 예상했던 것보다 기업이 멀쩡해지는 데 시간이 오래 걸린다는 것을 의미했다. 물론 지금 이 상태가 그대로 가서 상장폐지가 된다고 해도 그건 2~3년이 걸리겠지만, 굳이 그런 시간에 마이너스 상태를 매일 보면서 스트레스 받을 이유가 없다. 생각이 여기까지 미치자 손절이 답이라는 생각이 들었다. 60%의 손실을 보고 정리했다.

애물단지 주식은 하나 더 있었다. 캐노피 그로스. 심지어 미국 주식이다. 대마가 합법화되면서 그 시장이 성장성이 있다고 판단한 남편은 대마 관련 주식을 매수하자고 했다. 크로노스라는 주식이 괜찮다는 말에 크게 고민하지 않고 매수했다. 그리고 거의 1년을 마이너스로 있다가 본전일 타이밍을 겨우 찾아 매도했다. 그래도 왠지, 남편의 말을 완전히 무시하기엔 마음이 편치 않았다. 그래서 좀 크다는 회사를 다시 매수했다. 그래도 비교적 적은 돈으로. 결과는? 6개월째 마이너스 70%. 팔았다, 깔끔하게. 이미 작년부터 상태가 대단히 안 좋았는데 기업 정보도 안 찾아보고 매수를 했다. 당연히 기업 재무구조는 엉망이었다. 사업이 잘 풀리면 매출이든 뭐든 좋은 조짐이 하나라도 있어야 하는데 아무것도 없었다. 쓸 만한 데이터가. 그래서 팔았다.

남편은 "왜 내 말을 들었어~"라고 했다. 이제 그는 내게 더 이상 주식에 대한 권유는 안 할 것 같다. 세 번의 제안을 했고, 세 번 다 성과가 좋지 않았다. 하지만 나도 바보 같았다. 어차피 성향과 맞지 않는 구매행위였다. 심지어 2년 넘게 테슬라를 사고 싶다는 신랑의 말을 귀담아듣지 않았다. 전기차에 대한, 그리고 테슬라의 기술에 대한 불신이 있었다. 최근 1년간 눈부실 정도로 드라마틱하게 상승하는 테슬라의 주가를 보면서 저걸 왜 사지? 했다. 나는 간과했다. 남편의 테슬라에 대한 욕구와 욕망이 그 혼자만의 것이 아니라는 것을. 그렇게 테슬라를 부르짖을 때 그 회사가 어떤 회사인지 좀 더 진지하게 알아봤어야 했다.

이제야 테슬라를 사야겠다고 하는 나에게 남편은 "왜?"라는 질문을 던졌다. 나는 성장하는 속도가 너무 빨라서 무서웠고, 기술에 대한 불신이 있었는데 이미 양산차가 한국에서도 매일 한두 대를 볼 수 있을 정도 확산되어 있고 테슬라를 분해해본 가솔린차 전문가의 영상을 통해 이미 부품과 소재의 기술이 현재 양산차 기술의 5~10년을 앞서는 것이라는 말에 기술에 대한 확신이 들었다고 했다. 남편은 "기술은 확실했어. 그거 몰랐어?"라고 태연하게 말했다. 몰랐어! 몰랐다고! 그걸 왜 이제야 이야기하냐고! 내가 테슬라에 관심이 없었던 이유가 기술에 대한 불확신이었다는 것을 몰랐단다. NASA의 전문가들이 테슬라에 대거 유입되었다는 것도 나는 일주일 전에 알았단 말이다. 대마 같은 거 사지 말고 테슬라나 추천하지 그랬냐! 남편아! 그렇게 손절한 2개의 주식을 합해도 액면분할한 테슬라 3주를 사기에도 바빴다. 주가는 장 개장 1시간 만에 5%가 올랐고, 매수주문을 내고도 수정에 수정을 거듭해서야 겨우 3주를 매수하고 잠들 수 있었다.

시장이, 세계가 완전히 바뀌고 있다. 전통적인 생산과 기업경영이 아닌 새로운 패러다임이 이제 완전히 시장을 지배할 것이라는 확신이 들기 시작했다. 나의 주식은 고작 세 가지이다. 아마존, 삼성전자, 테슬라. 아직 상장하지 않은 카카오뱅크를 매수할 계획을 하고 있다. 기준은 심플하다. 비대면과 비접촉 시대에 기존 산업을 이어받으면서도 새로운 패러다임을 제시할 수 있는 기업을 선택하는 것.

주식도 부동산도 세상에 관심이 많아야 한다. 꼭 환율, 주가지수 같은 어려운 이슈가 아니어도, 어떤 산업에서 누가 왜 주목받는지, 새로운 자극이 계속되어 지기만의 인사이트를 만들어나가는 것이 필수라고 생각한다. 물론 꼭 주식을 위해서는 아니고, 내가 앞으로 어디서 어떻게 일할지를 고민하는 입장에서도 필요한 것이긴 하지만 말이다.

최근 10년간 꽤 많은 정보를 SNS를 통해 배웠다. 나보다 더 능동적으로 세상을 배우고 공부하는 사람들이 정말 많다. 돈에 대한 정보가 아니라, 세상의 흐름 중 각자 자기 분야의 핵심에서 정보의 흐름, 사람의 이동 등에 대한 다양한 관점을 전달하는 이들을 많이 팔로잉하고 있다. IT업계 종사자도 있고, 마케팅 전문가도 있고, 매거진 에디터도 있다. 나보다 한 발 빠르게, 혹은 업계 특성상 2~3개월의 정보를 미리 접할 수밖에 없는 위치에 있는 사람들의 메시지를 즐겨 보는 편이다. 특이하게 미국 정치 관련 정보도 종종 보고 있다. 정치와 경제도 뗄려야 뗄 수 없는 사이이니까.

SNS

에스티마(https://twitter.com/estima7)

트위터 활동명 에스티마. 본명은 임정욱이다. 일간지 기자로 일을 시작해, 다음커뮤니케이션 본부장, 미국 라이코스 대표를 역임하고 스타트업얼라이언스 센터장을 거쳐 현재는 벤처캐피탈 TBT 공동대표로 재직 중이다. 일찍부터 실리콘밸리를 오가며 IT업계의 새로운 흐름에 빨리 눈을 떴다.

박소령(https://twitter.com/January19_)

온라인 콘텐츠 플랫폼인 '퍼블리PUBLY'를 운영하고 있다. 퍼블리는 콘텐츠는 돈이 되지 않는다는 인식을 깨고, 지식콘텐츠의 유료화에 성공한 모델로 주목받는 회사이다. 새로운 방식의 회사를 운영하는 대표자로, 또 자신의 회사에 끊임없이 새로운 정보를 넣어야 하는 운영자의 시각이 재미있다.

생각노트(https://twitter.com/insidestory_kr)

IT회사 브랜드 마케터로 일하다가 현재는 서비스 기획 및 운영을 담당하고 있다. 퍼블리를 통해 책《도쿄의 디테일》,《교토의 디테일》을 발간했다. 마케터로서의 인사이트가 새로운 시각을 갖는 데 많은 도움이 된다.

제현주(https://brunch.co.kr/@hyunjooje)

임팩트 투자를 하는 옐로우독의 대표인 제현주 대표는 일반적인 벤처투자사가 아니라, 기존 사회시스템이 해결하지 못하는 사회적 문제를 혁신적으로 해결하고 있는 스타트업에 투자한다. 혁신적 기술과 사회적 책임에 대한 다양한 관점을 볼 수 있다.

황선우(https://twitter.com/bestrongnow)

패션지 피처 에디터로 오래 근무하다가 독립해 책《여자

둘이 살고 있습니다》를 출간, 이 불황기에 16쇄까지 뽑아내는 저력을 보여주었다. 오늘 특정 분야에서 가장 핫한 사람을 뽑아내는 눈과, 그 사람을 통해 의미 있는 메시지를 전달하는 탁월한 능력이 있다.

손현(https://twitter.com/thsgus)

퍼블리, 매거진 B를 거쳐 현재 토스TOSS 콘텐츠 팀에서 에디터로 근무하고 있는 손현은 건축을 전공했다.《모터사이클로 유라시아》를 출간한 작가이다. 세련되면서 솔직담백한 화법이 좋다. 가끔은 에디터라기보다 매우 신선한 방식으로 스스로 브랜딩할 줄 아는 기획자라는 느낌을 받는다.

T.K. of AAK!(https://twitter.com/AskAKorean)

미국, 특히 뉴욕에 살고 있는 한국계 로펌 변호사로 추정하고 있다. 미국에서 벌어지는 다양한 이슈를 영어로 올린다. 영어의 장벽을 뛰어넘으면 즐거워진다.

환율봇(https://twitter.com/currency_bot_kr)

환율을 굳이 찾기 싫어서 환율봇이라는 계정도 팔로잉

한다. 적당한 텀으로 시간대별로 미화, 엔화, 위엔화, 유로, 파운드화, 캐나다 달러, 홍콩달러, 호주달러의 환율을 고지하는 계정이다.

뉴스사이트

세상을 배운다는 차원에서, 뉴스는 빼먹지 않고 봐야 한다. 개인적으로 최근 미디어의 트렌드 중 가장 마음에 드는 것은 데이터저널리즘의 등장이라고 생각한다. 데이터가 비교적 보기 쉽게 가공되어 있어 종종 살펴본다.

SBS 데이터저널리즘팀 마부작침 https://news.sbs.co.kr/news/mabuList.do

중앙일보 데이터브루 https://databrew.joins.com

리멤버나우 https://now.rememberapp.co.kr

명함앱 '리멤버'에서 제공하는 경제 콘텐츠이다. 업계 최고의 전문가들이 실시간으로 가장 이슈가 되고 있는 경제 이슈를 좀 더 알기 쉽고, 간결하게 정리해서 제공한다.

돈과 관련한 이슈들은 꾸준히 접해서 용어에 대한 거부감을 낮추는 것이 관건이라고 생각하는데, 이를 위한 간단한 방편으로 유튜브 채널이 유용하다. 손에 꼽히는 전문가들이 나와 이야기하는 자료도 좋지만, 조용히 자기가 관심 있는 분야에 대해 데이터를 축적해나가는 사람도 좋다. 물론 주식 관련 정보도 놓치지 않고 보려고 노력하는 편이다. 전문가라기보다는, 오래 투자를 해온 개인 투자자들이 블로그에 많다. 다만 그들의 관점과 나의 관점에는 차이가 있을 수 있으니 참고만 한다.

유튜브

삼프로TV_경제의 신과 함께 https://www.youtube.com/channel/
UChlv4GSd7OQl3js-jkLOnFA

뉴욕주민 https://www.youtube.com/channel/
UC3dYEYtdihZpsexdC9-qKDA

브자TV https://www.youtube.com/channel/
UCBNXn8FbkX49X9PIxtDmznw

블로그

피터케이	https://blog.naver.com/luy1978
수미숨월드	http://blog.naver.com/sum7788/
전주불도저	https://blog.naver.com/smilingmetheny
피우스	https://blog.naver.com/jeunkim
애널리스트 박종대	https://blog.naver.com/forsword

증권사 주식 리포트

무료로 가장 정제된 전문가의 정보를 볼 수 있는 곳이 바로 증권사 주식 리포트다. 애널리스트들의 정보 수집 능력과 가공 능력을 믿는다면 빼먹지 말고 살펴보자.

로그인이 필요 없는 증권사

삼성증권	https://www.samsungpop.com/index.jsp
하나금융투자	https://www.hanaw.com/main/research/research/RC_000000_M.cmd
키움증권	https://www2.kiwoom.com/nkw.templateFrameSet.do?m=m0600000000

유진투자증권　　https://www.eugenefn.com/comm/msgList.do

한화투자증권　　https://www.hanwhawm.com/main/research/
　　　　　　　　main/list.cmd?depth2_id=1002&mode=depth2
　　　　　　　　개괄적인 내용은 로그인 없이도 볼 수 있으나, 리
　　　　　　　　포트 전문 및 PDF를 다운받으려면 로그인이 필요
　　　　　　　　하다.

로그인이 필요한 증권사

신한금융투자　　https://www.shinhaninvest.com/siw/insights/
　　　　　　　　industry/gicompanyanalyst/view.do

KB증권　　　　　https://rc.kbsec.com/main.able

한경 컨센서스　　http://consensus.hankyung.com/
　　　　　　　　국내 증권사 리포트 DB로 한국 기업 리포트 중심
　　　　　　　　이다. '산업' 파트나 '경제' 파트는 현재의 흐름을
　　　　　　　　파악하는 데 도움이 되니 참고할 만하다.

공부. 주식에서 가장 피곤한 포인트는 꾸준히 공부를 해야 한다는 점이다. 누구나 그런 생각 하지 않나? 주식을 샀는데 알아서 쭉쭉 올라주면…… 그렇게 돈 벌면 참 좋겠다고. 하지만 꿈 같은 일이다. 매일 새로운 주식을 검색하고, 또 공부해야 한다. 주식 투자를 시작하고 가장 괴로운 포인트 중 하나는 정보를 리서치하고, 그걸 해석하는 것이다. ROE건 ROI건 숫자가 가진 의미만으로 내가 원하는 정보를 뽑아낼 수 없다. 정보가 가진 진짜 가치는 나 스스로 만들어내야 한다는 것이 오늘의 결론이다.

난 다양한 기업을 둘러보지는 않는다. 이미 말한 것처럼 모르는 기업을 찾는 스타일은 아니니까. 내가 후보로 두고 있는 기업들은 각자의 업계에서 비즈니스의 패러다임을 완전히 바꾼, 애프터 코로나 시대에 최적화된 기업 중 최소한 톱^{TOP} 20급의 기업 안에서만 보기로 했다. 적은 돈으로 대박을 꿈꾸지 않기로 했으니까. 하지만 주식을 처음 시작하는 사람이라면, 아직 투자의 원칙을 정하지 않았다면 기업 공부를 추천한다.

기업에 대해 공부하는 것이 기본 중의 기본이다. 수백 수천의 기업 정보 중 내가 원하는 것만 골라 보는 것은 어렵지 않다. 일주일에 한 종목만 찾아 공부한다면 1년이면 50개 이상의 기업에 대해 알게 된다. 방법 자체는 간단하다. PC로 네이버 금융을 들어간다. 국내 증시를 클릭하고, 왼쪽 상단의 주요시세정보 코너에 있는 시가총액을 누르면 상장된 전종목이 나온다. 그중 관심 있는 지표 여섯 가지를 선택해 정렬할 수 있다. 시가총액, 매출액증가율, 영업이익증가율, 당기순이익, 주당순이익 그리고 ROE 등 내가 원하는 기업 정보를 선택하고 적용하기를 누르면 해당 정보만 정리된 리스트가 뜬다. 나는 기본적으로 기업의 성장, 매출의 변화 등을 중점적으로 보는 편이다.

이렇게 정렬된 정보는 시가총액을 기준으로 1번부터 나열되어 있다. 리스트의 끝을 보면 각종 리츠와 펀드, ETN들까지 잔뜩 있다. 올 한해 내내 고전 중이라는 SK하이닉스는 매출액증가율이 -33%가 넘고, 영업이익 증가율은 -86%다. 한동안 화제였던 신풍제약은 코로나 발 이슈에 힘입어 쭉쭉 성장하여 아모레퍼시픽과 시총 순위에 큰 차이가 없다. 일시적으로는 아모레퍼시픽보다 시총이 더 높았던 적도 있으니 놀라울 따름이다. 지금도 여전히 CJ제일제당, KT, LG디스플레이 같은 대기업, 공기업보다 시총이 높으니 말이다.

여기서부터 시작하면 된다. 아주 단순하고 무식하지만 우직한 기업 공부. 개인적으로는 풍문으로도 들어본 적 없는 기업을 선호하지 않는다. 크건 작건 일상에 좀 더 밀착되어 있는 기업을 선호한다. 이해하기 어려운 특수한 기술을 가진 주식 역시 선호하지 않는다. 일상 속에서 유의미한 기업, 피부로 느껴지는 기업들을 선호한다. 전체 주식을 다 뒤져볼 수는 없는 노릇이고, 이중 유난히 도드라지는 수치를 가지고 있는 기업이라던가, 눈에 띄는 기업들부터 하나씩 공부해보면 된다. 기업 정보를 클릭하면 당연히 정보가 다 나오고, 가지고 있는 증권앱으로 열면 오늘의 거래 상황도 실시간으로 알 수 있다.

궁금하거나 마음에 드는 기업이 있다면 그 기업 정보와 주식을 본 날짜와 주가를 기록해두면 좋다. 일주일 혹은 한 달 후에 다시 봤을 때, 가격 변화가 보인다면 그 이유가 무엇인지 공시, 기사, 홈페이지 게시판 뭐든 가리지 말고 훑어보는 게 좋다. 관심이 있다면 관심이 가는 이유를 숫자와 정보로 기록해야 한다. 목표 금액을 정하고, 해당 금액에 가까워지면 매수하면 된다. 물론 경우에 따라 목표 금액을 정하기보다 지금 당장 무조건 사두고 한동안 싹 잊어버리는 게 나은 성향의 사람도 있지만 말이다.

SK바이오팜이 속된 말로 대박이 났다. 동학개미운동 이후에 유독 뜨거운 한국 주식시장이다. 다들 가진 돈은 적고, 목돈은 만들고 싶고, 경제활동은 앞뒤로 막혀 있고, 금리는 낮으니 대출을 받아 주식시장에 뛰어드는 느낌이다. 경제와 돈에 무관심해 보였던 이들이 주식 투자를 하는 경우를 쉽게 찾아볼 수 있다. 약간 과열된 느낌도 있고 말이다. 나 같은 보수적인 투자자들이 주식시장에 뛰어들었다는 것이 충분히 많은 점을 시사하고 있다.

　주식에 관심을 갖기 시작하니 모든 기사 내용이 다 주식으로 연결되는 느낌이다. 최근 들어 가장 눈이 커졌던 소식은 SK바이오팜의 상장 소식이었다. SNS로 팔로잉하고 있던 몇몇 주식쟁이들이 언급하던 SK바이오팜은 상장하고 4일 만에 상장 가격의 4배가 되었다. 물론 상장 직후에 흔히 볼 수 있는 버블이라고 하는 이도 있다. 그래도 기사에서 임직원들이 시세차익으로 10억을 벌었네, 20억을 벌었네 하는 기사를 보고 있으면 싱숭생숭해지기 마련이다. 특히 SK바이오팜은 우리 동학개미들에게 '청약'에 눈을 뜨게 하는 역할을 했다. 주린이(주식＋어린이)들에게는 적은 자본으로 한탕 하는 것만큼 귀가 열리는 소식이 없지 않은가. 듣보잡 주식으로 심장이 쫄깃해지는 것보다는, SK 같은 대기업 계열의 주식이 훨씬 솔깃하기 마련이다.

계산을 해보았다. SK바이오팜의 공모가는 4만 9천 원이었다. 그리고 매일매일 상한가를 찍으며 쭉쭉 올라갔다. 내가 만약 5백만 원으로 SK바이오팜을 1백 주 샀다면 490만 원이다. 그리고 지금과 같은 높은 기대치가 있다면, 주식 시작 상장 직전에 최고 2배까지 주가가 올라간다. 그러면 한 주당 9만 8천 원, 나의 주식 가치는 980만 원. 여기에 주식시장에 상장해 상한가를 기록해 주가가 30%가 오른다면? 한 주당 127,400원, 나의 주식 가치는 1천2백만 원이 넘어간다. 그리고 3일 연속 상한가로 이어지면 주가는 주당 215,306원, 나의 주식 가치는 2천만 원이 넘어간다. 다시 시작 시점을 되짚어보자. 나는 5백 원이 채 안 되는 돈을 묻었고, 나의 주식은 4배가 넘게 올라갔다. 이때만 팔았더라도 드라마틱한 수익률이 나온다. 4배라니. 400%라니. 공모주 청약부터 상장 3일차까지 길어야 2주면 끝날 텐데 말도 안 되는 금액이 나왔다. 이 정도면 도전을 안 하는 게 바보가 아닐까 싶어졌다.

　　IPO를 준비하고 있는 기업 중 가장 관심 있는 회사는 빅히트엔터테인먼트와 카카오뱅크였다. BTS가 군대를 가지 않는 한 빅히트는 향후 몇 년간 대한민국에서 손에 꼽을 놀라운 성장을 할 것이 확실한 회사다. 싸이 이후에 한글로 된 곡을 빌보드 차트에 올린 거의 유일한 아티스트가 아닌가. 이제는 프랑스어를 공부하는 사람보다 한국어를 제2외국어로 선택하는 사람이 더 많은 상황이다. BTS 외의 다른 비즈니스모델이 없는 것이 문제이긴 하지만, 빅히트엔터테인먼트는 IPO 이후가 기대되는 대어 중 대어였다.

　　카카오뱅크는 한국에서 은행에 대한 패러다임을 바꾼 회사다. 전통적으로 펜대 굴리는 직업 중 단연 돈을 많이 버는 업종이 금융계다. 고시 공부를 해야 하는 회계사나 변호사 같은 직업을 제외하고 문과에서 접근할 수 있는, 가장 높은 연봉을 보장하는 곳이 금융권이고, 그중 KB국민은행은 Top3급의 은행이다. 그 은행에서 카카오라는 IT기업과 손잡고 인터넷 은행을 만들었다. 비대면으로 계좌를 개설하고, 통상적으로 은행에서 필요한 여러 가지 서비스들은 각 은행과 카드사, 증권사와의 협조를 통해 역시 모바일을 통해 해결할 수 있다. 처음 카카오뱅크가 시작했을 때 카카오톡이라는 전 국민적인 네트워크망 하나만 믿고 배짱부리는 것 아닌가 하는 의구심도 있었다. 하지만 오늘의 카카오뱅크는 경조사비라는 매우 특수한 한국적 상황 덕분에 모든 사람들이 거래하는 은행이 될 수밖에 없는 은행으로 거듭나고 있다. 굳이 카카오뱅크를 주거래은행으로 이용하지 않아도, 돈을 받으려면 카카오페이를 이용할 수밖에 없고, 그러다보면 자연스럽게 카카오뱅크로 이어진다. 여기에 이벤트성 고금리 상품이나 생활 친화적인 다양한 적금 상품 등을 이용해 일상에 깊이 파고든 상태이다.

다른 회사면 몰라도, 이 두 회사라면 한번 도전해볼 만하다는 생각이 들었다. 특히 카카오뱅크는 은행업계의 패러다임을 바꿨다는 점에서 나의 투자 대상으로 아주 높은 점수를 받고 있는 상황이었다. 비대면에 최적화되어 있고, 은행들 중 가장 젊은 고객들을 확보하고 있을 것이 자명했다. 그런 회사가 상장을 한다면 카카오가 아니라 카카오뱅크가 사야 할 주식이라는 생각이 들었다.

본격적으로 청약에 대해 알아보기 시작했다. 청약을 하려면 일단 '증거금'이라는 것을 묻어야 한다. 내가 이 회사의 주식을 살 능력이 이만큼 있소!를 보여주는, 문자 그대로 자본 능력을 증명하는 자금을 묻는 셈이다. 여기서부터 머리가 좀 아파오기 시작한다. 청약증거금과 공모가를 역산해 청약 경쟁률이 정해지고, 그 청약 경쟁률에 의해 배정받을 주식의 수가 결정된다.

쉽게 말하면 청약은 돈지랄에서 이기는 사람이 더 많은 돈을 가져가는 구조다. 많이 묻을수록 유리하다. 최근 가장 핫했던 공모주 중 하나였던 카카오게임즈의 청약 상황을 살펴보니 심란하기 이를 데 없었다.

카카오게임즈의 공모가는 1주당 2만 4천 원이었다. 그리고 이 주식을 사겠다고 몰린 청약증거금의 총액은 무려 58조 5,543억 원이다. 총 1천6백만 주의 신주를 발행할 예정이고, 이 1천6백만 주를 청약 경쟁률 1,523 대 1로 나누어 갖게 되는 것이다. 1,523 대 1의 경쟁률이 어떤 의미인가 하면 1,523주만큼 증거금을 입금해야 1주를 준다는 뜻이다.

내가 만약 1백 주를 받고 싶었다면, 공모가인 2만 4천 원을 1백 주 살 수 있는 돈을 넣어둔 사람에게 주는 것이 아니라, 돈 경쟁에서 이긴 사람에게 주는 구조다. 1,523 대 1의 경쟁률이니까 대충 1,500 대 1이라고 보고, 주가를 2만 원이라 했을 때 약 3천만 원의 절반인 1천5백만 원의 증거금이 들어가 있어야 카카오게임즈 1주를 받을 수 있는 것이다. 그러니까. 1백 주를 받고 싶었다면 15억 원을 증거금으로 넣었어야 했다. 그 정도의 큰돈이 있어야 고작 1백 주의 주식을 배당받을 수 있다. 실제로 1억 원 묻은 분들은 5주 정도를 배정받았다. 물론 주식은 2만 4천 원이니, 차액은 당연히 돌려받는다. 이러니 대출을 받아 목돈을 묻어두고 배정을 받으면 차액은 상환하는 상황이 발생할 수밖에 없다. 하지만 그럼에도 불구하고 억대의 자금을 조달할 능력은 없다. 심지어 경쟁률은 우리가 예상할 수도 없고, 더 인기 있는 주식은 훨씬 더 경쟁이 치열할 것이다. 빅히트엔터테인먼트는 예상 공모가가 13만 원이 넘는다. 카카오게임즈 수준의 경쟁률이라고 가정해도 1백 주를 배정받기 위해

1백억 원을 묻어야 할 수도 있다.

그럼 청약은 포기다. 1백억 원이 있으면 우리는 주식시장에서 이런 치열한 고민을 하지 않는다. 그냥 있는 돈 까먹고 살아도 걱정 없을 돈 아닌가. 하지만 역시 우리는 1백억 원은커녕 1백만 원도 없다. 그럼 다음 순서로 넘어가보자. 다음은 '시초가'에 주식을 매수하는 것이다. '시초가'란 주식거래 당일 최초의 금액이다. 이때부터 좀 어려워지는데, 보통의 주식 매수가 한 줄로 서서 주문한 순서대로 판매하는 개념에 가깝다면, 동시호가는 거래가 집중적으로 몰릴 때 매도 수량과 매수 수량을 다 모아 한꺼번에 정리해 거래하는 것에 가깝다. 일정 시간 동안의 주문을 다 모아서 적절한 가격에 동시에 체결시키는 것이다. 9시에 주식시장이 문을 열기 직전, 8시 30분부터 주식 주문을 미리 받아둔다. 이렇게 30분간 쌓인 주문을 모아서 9시에 한꺼번에 성사시킨다. 30분 동안 누적된 매도와 매수 주문을 분석해서 가장 적절한 가격을 계산하고, 그 가격에 한꺼번에 거래를 시키는 것이다.

일반적인 거래야 누구는 1백 주를 4천 원에 팔게요, 저는 50주를 5천 원에 살게요 하는 식의 차이가 생기겠지만, 공모주는 오직 사고자 하는 사람만 존재한다. 공모가는 정해져 있다. 그러면 공모주의 시초가는 공모가의 90%에서 200% 범위에서 기준가가 결정된다. 한정적인 주식을 모두가 사자고 덤비면, 일단 사두면 그날로 최소 30%의 상승이 확정이라고 굳게 믿는 주식이라면, 카카오게임즈처럼 애초에 공모가가 저렴하게 잡힌 금액이라면, 청약에 실패한 사람들이 "묻고 더블!"을 외칠 타이밍이 바로 시초가주문 타이밍인 것이다. 그러니 1백만 원을 쥐고 있고, 이걸로 25주를 사겠다고 덤비는 개미와 억대의 투자금으로 덤비는 사람들 사이에서 나는 이길 수 있겠는가! 당연히 없다. 못 이긴다. 물량 공세에서 나는 또 진다.

2만 원이었던 주식은 4만 원의 시초가로 시장에 풀린다. 그럼 여기서부터는 일반적인 거래와 다를 바 없다. 이미 시장에 나오는 순간 두 배가 된 주식. 그게 청약의 매력이지만 요즘처럼 주식이 과열되어 있고, 청약에 수십조 원의 자금이 묻히는 상황이라는 청약을 받는 것은 무리다.

그렇다. 나는 청약을 시작하기도 전에 포기했다. 그럴 돈이 있으면 내가 이러고 안 살지 싶다. 그렇다고 포기할 내가 아니다. 청약의 전 단계에서 주식을 살 수 있는 방법은 없나?를 고민하기 시작했다. 그렇다. 나는 비상장주식을 검색하기 시작했고, 궁금했던 카카오뱅크가 비상장주식으로 거래되고 있다는 사실을 알아버렸다. 나는 금단의 열매가 익어가는 나무 앞에 서 있는 형국이었다. 심지어 가장 큰 문제는…… 우리 집 똥손 황서방이 카카오뱅크의 주식을 사기로 한 상황. 똥손 황서방과 함께 비상장주식에 대해 공부하기 시작했다.

상장 & IPO

증권시장에 공식적으로 거래되기 위해 상장이라는 과정을 거쳐야 한다. 주식을 상장하는 방법 중 가장 많이 사용되는 방법이 IPO^{Initial Public Offering} 즉 기업공개이다. 증권시장에 기업의 주식을 등록하고 외부 투자자가 기업에 대해 정확하게 판단할 수 있도록 경영 정보를 공개하는 것이다.

IPO를 통해 기업은 대규모 자금조달이 가능해지고, 기업 정보가 공시되어 기업이 홍보되는 효과가 있다. 그리고 상장 자체가 엄격한 심사를 통해 이루어지는 만큼, 까다로운 심사를 통과한 기업이라는 평판을 얻게 된다. 하지만 기업의 소유권인 주식이 시장의 매매 대상이 되는 만큼 경영권 분산의 위험이 있다는 점이 단점이 되고, IPO의 과정에서 많은 비용이 발생한다.

공모주청약

IPO를 통해 주식 공개를 결정한 기업은 공모주 청약을 통해 상장 전에 주식배정을 받을 수 있다. 공개 모집 형식으로 투자자들을 모아서 투자를 받고 반대급부로 주식을 나누어주는 것이다. 주식을 가장 저렴하게 매수할 수 있는 방법으로 통한다. 증권거래 앱을 통해 청약 신청이 가능한데 이때 모든 증권사에서 다 가능한 것은 아니고, 기업에 따라 특정 증권사 서너 곳만 지정한다. 청약을 신청하기 전에 미리 계좌를 개설해야 청약 신청을 할 수 있다. 기업이 공개 청약을 하는 주식의 물량이 1백만 주라고 해도, 모든 증권사가 그 수량을 똑같이 나누어 갖는 것은 아니기 때문에 배당받은 주식의 수가 더 많은 증권사를 선택하는 것도 방법이다.

청약을 했다고 해서 무조건 큰돈을 버는 것은 아니다. 모든 투자는 손실 가능성이 있다. 공모가가 적정한 가격인지, 유사 기업에 비해 가격이 어떻게 형성되어 있는지, 유통 가능한 주식의 수는 얼마나 되는지, 왜 기업공개를 결정한 것인지, 비즈니스모델은 무엇인지, 재무상태는 어떠한지 등을 다양하게 살핀 후 투자해야 한다.

공모주 청약 정보 읽기

청약 정보는 어려워 보이지만 몇 가지만 보면 쉽다. 그 예로 빅히트엔터테인먼트의 청약 정보를 보자. 먼저 종목명은 기업명, 시장 구분은 코스닥인지 코스피인지를 보여주는 것이다. 거래소는 코스피시장에 올라가는 것이다. 다른 엔터주들은 대부분 코스닥 시장에 상장했는데, 빅히트엔터테인먼트만 거래소 시장에 상장한다. 빅히트는 713만 주를 신규로 공모했다. 희망공모가는 기업에서 희망하는 공모가이며 심사를 통해 최종 공모가가 확정된다. 주간사는 청약을 접수할 수 있는 증권사를 의미하며, 공모청약일은 실제 청약 신청이 가능한 날짜이다. 배정공고일은 주식배정 수량이 확정되

는 날이며, 납입일은 증거금이 주식공모 결과 확정
된 공모 금액보다 모자랄 경우 차액을 입금하는 날
이다. 환불일은 잔여증거금이나 청약을 받지 못한
사람들이 증거금을 돌려받는 날이다.

빅히트엔터테인먼트는 신주발행 7백만 주 중에
우리사주로 임직원들에게 약 140만 주 정도를 나
눠준 상태이며, 기관투자자들에게 배정된 주식을
제외하면 실질적으로 청약의 대상이 되는 주식은
140만 주가량이다. 청약증거금율은 50%로 1백 주
를 원한다면 '확정 공모가×100(주)×50(%)'를
한 금액을 넣어야 한다는 뜻이다. 물론 경쟁률에
따라 배정받는 주식의 수는 달라진다.

기업개요

종목명	빅히트엔터테인먼트	진행상황	공모주
시장구분	거래소	종목코드	352820
업종	오디오물 출판 및 원판 녹음업		
대표자	방시혁	기업구분	중소일반

본점소재지	서울특별시 강남구 도산대로16길 13-20		
홈페이지	ibighit.com/	대표전화	02-3444-0105
최대주주	-		
매출액	587,224 (백만 원)	법인세 비용차감전 계속사업 이익	98,492 (백만 원)
순이익	72,424 (백만 원)	자본금	14,246 (백만 원)

공모정보

총공모주식수	7,130,000 주	액면가	500 원
상장공모	신주모집 : 7,130,000 주 (100%)		
희망공모가액	105,000 ~ 135,000원	청약경쟁률	606.97 : 1
확정공모가	135,000 원	공모금액	748,650 (백만 원)
주간사	NH투자증권, 한국투자증권, 미래에셋대우, 키움증권	주식수: 1,426,000 주 / 청약한도: - 주	

청약일정

주요 일정	수요예측일	2020.09.24 ~ 2020.09.25	
	공모청약일	2020.10.05 ~ 2020.10.06	
	배정공고일 (신문)	2020.10.08 (주간사 홈페이지 참조)	
	납입일	2020.10.08	
	환불일	2020.10.08	
	상장일	2020.10.15	
공모 사항	확정공모가	- 원	주당액면가 : 500 원 희망공모가액 : 105,000 ~ 135,000 원
	총공모주식수	7,130,000 주	공모금액 : 748,650 (백만원)
	그룹별배정	우리사주 조합 1,426,000 주(20%)	청약증거금율 : 100%
		기관투자자 등 4,278,000 주(60%)	최고한도 : - 주
		일반 청약자 1,426,000 주(20%) 청약 최고한도 : -주	청약증거금율 : 50% 최저 : - 주

IR일정	IR일자		IR장소/시간	기관 : 일반 :
수요 예측 결과	기관 경쟁률		의무보유확약	0.00%
신규 상장	신규 상장일	2020.10.15	현재가	- 원 (%)

금단의 열매, 판도라의 상자
'비상장주식'에 도전하다

투자를 하면서 해서는 안 되는 일을 딱 하나 꼽으라면 '빚내서 투자'하는 것이다. 어떠한 일이 있어도 내가 가진 전부를 걸어서는 안 된다. 없어도 인생에 지장 없는 딱 그만큼이 모든 투자의 기본이라고 생각한다. 주택처럼 내가 깔고 앉고 살아도 되는 상품이 아닌 바에야, 모든 투자상품은 안고 가는 리스크만큼의 기회가 있다.

청약은 내가 가진 자본으로는 무리일 거라 판단했다. 정확하게는 내가 사고 싶은 그 회사는 청약으로 주식을 배정받을 수 없다. 그렇다면 청약에 들어가기 전단계에서 주식을 살 수 있는 방법을 찾았다. 그래서 발견한 것이 비상장주식 거래시장이다. 사실 처음부터 비상장주식을 생각한 것은 아니다. 계산기를 두들기고 또 두

들겼는데 카카오뱅크나 빅히트엔터테인먼트 같은 유명한 기업의 청약은 불가능에 가깝다는 것까지 확인하고 나서 기사 검색에 들어갔다. 그러다 알게 된 것이 비상장주식 거래다.

비상장주식 거래. 문자 그대로 주식시장에 상장되지 않은 주식을 사고파는 것이다. 중고 거래랑 비교하자면 주식거래는 '중고나라'에서 유니크로를 통한 안전장치를 확보한 거래라면, 비상장 거래는 직거래 같은 것이다. 장외주식 사이트에서 시세 정보를 확인하고, 해당 주식 보유자들이 자신의 매물을 올려놓으면, 내가 원하는 가격과 수량을 보유하고 있는 사람들의 정보를 보고 적당한 사람에게 연락해 가격 협상 후 매매하는 구조이다.

상장을 위해 기업 정보를 공개하고, 기업의 경영성과와 대주주 현황 같은 정보들을 공유하는 구조가 주식거래라면, 비상장 거래는 엄밀히 말해 기업 정보도 기업에서 비공개로 막아버리면 그만이고, 누가 대주주인지도 구체적으로 밝힐 의무가 없다. 내가 친구가 운영하는 회사에 투자를 해 대주주가 된다면, 주식시장에 상장된 기업은 대주주 관련 변동 사항을 공시해야 하지만, 비상장 기업은 공시의무가 없다. 기업의 의지에 따라 아무것도 모르는 상태로 완전히 막혀 있는 구조로 갈 수도 있다는 뜻이다. 상장을 통해 검증된 주식이 아닌 경우도 많다. 이후 상장을 염두에 둔 주식일 수도 있지만, 그렇지 않고 오래 방치될 수도 있다. 물론 아무도 모를 회사의 주식만 거래되는 것은 아니다. 포스코건설, 롯데글로벌로지스, SK건설 같은 들으면 알 만한 대기업 계열사의 주식도 다수 있다. 아무리 안전장치를 만든 애플리케이션을 통해 하는 거래라고는 하지만 일단 개인 간 거래인 점, 그리고 검증되지 않은 기업이 많다는 점, 상장 여부가 불확실하다는 점 등 위험 요소가 매우 많은 투자상품이다.

2020년 1월 1만 명에 불과하던 비상장주식거래앱 가입자는 당해 6월에 이르러 4만 명을 넘긴 상황이라고 했다. 나만 이런 생각을 하는 게 아닌 거다. 다들 청약으로 도전하기 어려우니 아예 청약 전 단계에서 사버리자고 생각하는 사람이 많아진 것. 여기까지 찾아봤을 때 싸함이 몰려왔다. 그리고 신랑에게 말했다. 절대 시동생에게는 이야기하지 말라고.

최근 주식에 꽂혀 본인이 동원할 수 있는 모든 현금을 쏟아부은 상태. 음악을 전공했고, 연주를 업으로 삼았지만 코로나로 인해 생활이 어려워진 상태에서 주식이라는 시장에 눈을 떴다. 악기 이외에 이렇게 재미있는 시장을 본 적이 없다고 했다. 전형적인 올빼미가 오전 8시 30분에 눈을 떴다니 뭐 말 다했지. 한번 꽂히면 거침없이 도전하고 끝을 보는 스타일이다. 그런 사람이 비상장 시장에 손대기 시작하면 걷잡을 수 없는 상태가 될 것 같았다. 그리고 그 말엔 남편도 인정했다. 이미 주식만으로도 공격적으로 움직일 사람인데, 비상장주식 거래까지 손대게 하면 안 된다는 생각이 들었다.

이제 본격적으로 비상장주식을 검색하고 있다. 관심사는 오직 카카오뱅크. 당장 10월 청약을 앞두고 있는 빅히트엔터테인먼트는 어차피 물 건너갔고. 올 초 장외시장에서 6만 원대였던 카카오뱅크 주식은 한때 12만 원까지 올라갔다. 지금 시점에서도 11만 5천 원 정도가 판매자들의 시세인 듯하고. 한때 카카오게임즈 청약에 자금이 몰리면서 시세가 9만 원대까지 떨어진 적이 있다고 하니 아마도 빅히트엔터테인먼트 청약 시즌에는 일시적인 하락도 있을 수 있을 것 같았다.

　가장 극단적인 형태의 거래는 역시 직거래. 매물을 보고, 연락해서 상대방의 주식이 실제로 존재하는 주식인지 기업에 주주 리스트를 확인하고 매수하는 방법이다. 두 번째 방법은 비상장주식거래 정보 등을 모아놓은 38커뮤니케이션(http://www.38.co.kr), PSTOCK(http://www.pstock.co.kr) 등의 사설사이트에서 거래하는 것이다. 커뮤니티의 성격을 띄고 있다 보니 이곳도 결국은 직거래와 크게 다를 바 없다. 3번째 거래 방법은 금융투자협회에서 운영하는 K-OTC(http://www.k-otc.or.kr)를 이용하는 것. 네 번째 최근 등장한 거래 방법은 '증권플러스 비상장'이라는 애플리케이션을 이용하는 방법이다.

요즘 비상장주식 거래에서 쏠쏠히 언급되는 비보존을 검색해보았다. 기업명 옆에 카테고리가 나와 있고, 투자 유의라는 표기가 되어 있다. 기업 정보 맨 하단에는 투자 유의 사유로 '매출액 미달'이라고 표기되어 있고. 다른 기업들의 투자 유의 사유는 무엇인지 찾아보니 주요 서류 기간 내 미제출, 자본 잠식 등이 있다. 회계상 자본 잠식 상태가 일정 기간 이상 지속되면 최악의 경우 상장폐지도 가능한 매우 중요한 이슈다. 이러니 상장을 못했지 싶어진다. 그런데 이유는 모르겠지만 K-OTC에 카카오뱅크가 검색이 되지 않는다.

비보존(276620)　지정기업부　벤처　투자유의

Highlight　기업정보　투자정보　재무정보　순위정보　기업분석보고서

매도잔량		호가	매수잔량	
	51	22,450		
	42	22,400	상한가	28,750
	109	22,350	하한가	15,550
	416	22,300	기준가	22,150
	324	22,250		
	159	22,200		
		22,050		184
시가	22,700	22,000		636
고가	22,700	21,950		666
저가	21,550	21,900		2,847
		21,850		198
		21,800		1,611
	23,403	총잔량		30,258

현재가	22,050	가중평균주가	22,000
전일대비	▼ 100	기준가	22,150
등락률	-0.45	전일거래량	73,979
거래량	34,993	액면가액	500
거래대금			768,699,250
자본금(백만)	14,454	시가총액(백만)	635,968
발행주식수	28,907,623	결산월	12
등록/지정일	2018/06/26	매매개시일	2018/06/28
업종	연구개발업		
주요제품	의학 및 약학 연구개발업		
최고가	82,000	최고가일	2019/11/26
최저가	10,400	최저가일	2018/06/28
52주 최고가	82,000	52주 최고가일	2019/11/26
52주 최저가	17,400	52주 최저가일	2020/03/23

시간별	일자별	월실적	월주가	K-OTC 공시/안내	DART
시간	주가	전일대비	체결량	누적거래량	
14:24:	22,050	▼ 100	96	34,993	
14:24:	22,050	▼ 100	4	34,897	
14:22:	22,150	0	50	34,893	
14:21:	22,150	0	110	34,843	
14:21:	22,100	▼ 50	20	34,733	
14:21:	22,100	▼ 50	20	34,713	

* 투자유의 사유 : 매출액미달

사이트상 다른 기업 정보를 볼 수 있는 메뉴를 누르 다가 K-OTCBB(http://www.k-otcbb.or.kr)라는 사이 트를 발견했다. 비상장주식 호가 게시판인 듯 했다. 이 사이트 메인 화면 아래쪽에는 오렌지색 글씨로 '위험고 지'라는 내용이 쓰여 있다. 이 사이트상 노출되는 내용

을 2차, 3차 검증해야 하고, 비상장 거래로 인해 돈이 묶일 각오를 해야 하고, 우린 이 정보에 대해 책임지지 않으니 네가 알아서 하라는 문구가 쓰여 있었다. 뭐랄까. 무서웠달까? 하지만 그렇다고 멈출 생각은 없는 것이 나의 문제였다. 여하튼 나는 카카오뱅크라는 기업의 정보를 원했고, 그 자료를 뒤져보며 뒤늦게 깨달았다. 금융감독원 사이트에서도 기업 재무제표 정도는 찾아볼 수 있다는 사실을. 금융감독원(http://www.fss.or.kr)에서 제공하는 감사보고서에는 재무재표가 포함되어 있었다. 공시를 하는 기업의 경우는 DART(http://dart.fss.

위험고지

1. K-OTCBB에서 호가게시되는 종목은 비상장회사의 주식으로, 유동성이 낮아 환금성이 제한될 수 있습니다.
2. K-OTCBB에서 호가가 게시된다는 사실이 해당 회사가 우량하거나 안전하다는 것을 의미하지 않습니다.
3. K-OTCBB에서는 공시가 이루어지지 않으므로 재무건전성 등 기업내용을 투자자가 확인해야 합니다.
4. K-OTCBB에서의 호가는 확정된 가격이 아니며 거래상대방과의 협의과정에서 가격이 변경될 수 있습니다.
5. 금융투자협회가 제공하는 정보는 투자 참고 사항이며, 불가피한 오류 또는 누락이 발생하거나 제공될 수 있습니다.
   제공된 정보에 의한 투자결과에 대하여 법적인 책임을 지지 않습니다.

or.kr)사이트에 들어가면 공시 정보를 확인할 수 있다. 자료를 다운받고 읽어보기 시작했지만 사실 내용이 한 눈에 확 들어오지는 않았다. 난 아직도 미련하게 감을 믿는 투자를 선택하는 우를 범하고 있다.

안전한 거래를 위해 삼성을 끔찍하게 싫어하는 신랑은 삼성증권에 계좌를 터야 했다. 10만 원에 판매할 매도자도 찾았다. 우리는 딱 이 단계에서 멈췄다. 이유는 빅히트엔터테인먼트의 청약이었다. 청약을 앞두고 있으면 자금이 일시적으로 청약에 쏠리는 경향이 있다고 들었다. 카카오게임즈의 청약 당시에도 다른 비상장주가 일시적으로 가격이 좀 떨어진 적이 있다고 했다. 그러면 빅히트엔터테인먼트의 청약과 상장 직후까지는 돈이 묶이는 것을 원하지 않는 투자자들로 인해 일시적으로라도 가격이 떨어질 것이라고 판단했다. 이때까지만 해도 빅히트엔터테인먼트로 인해 얼마나 드라마틱한 시간을 보내게 될지 미처 몰랐다.

비상장주식

우리가 이야기하는 주식은 일정한 절차와 과정을 거쳐 기업 정보를 가이드라인에 맞게 공개하는 것을 전제로 한다. 투자자를 보호하기 위한 최소한의 장치이다. 비상장주식은 이와 정반대로 생각하면 된다. 주식시장에 정식으로 상장한 것이 아닌 주식들의 시장. 기업 정보가 완전히 공개되어야 할 의무가 없고, 투자자 보호를 위한 징치가 없는 시장이다. 비상장 상태인 기업 주식을 매수한 상황에서 기업이 상장을 하게 된다면, 비상장주식이 얼마였던 간에 상장 시 공모가로 주식의 가격이 1차적으로 매겨진다. 만약 내가 1천 원에 비상장주식을 1백 주 구입한 상태에서 1만 원에 주식이 정식으로 거래소에 상장된다면 나는 열 배의 시세차익을 거두는 셈이다. 비상장주식끼리도 거래는 가능하지만 실제로 보유하지 않은 주식을 있다고 사기 치는 경우도 많으니 주의해야 한다.

금융감독원

문자 그대로 금융기관의 감사·감독 업무를 수행하는 기관이다. 건전한 신용 질서와 공정한 금융 거래 관행을 확립하고 예금자 및 투자자 등 금융 수요자를 보호함으로써 국민경제의 발전에 기여하기 위해 설립되었다. 각종 금융기관의 업무 및 재산 상황에 대하여 검사하고 위반 사항이 있는 경우에는 제재를 가한다. 금융과 관련한 분쟁이 발생하면 이를 조정하기 위한 기관인 금융분쟁조정위원회도 금융감독원 내에 설치되어 있다.

공시

기업 운영, 사업 내용, 재무 상황, 영업실적 등 기업의 내용을 투자자 등 이해관계자들에게 알리는 제도이다. 주식시장에서 가격과 거래에 영향을 줄 수 있는 중요한 사항을 알리는 것이 목적이다. 기업에

대한 투자를 결정할 때 필요한 자료를 제공하는 것
이라고 생각하면 된다. 우리나라는 DART(http://
dart.fss.or.kr)라는 사이트를 통해 전자공시제도를
운영하고 있다. 꼭 주식시장에 상장한 기업이 기타
기업으로 분류해 감사보고서 등을 노출하는 경우
가 많다. 감사보고서에는 재무상태표, 손익계산서,
자본변동표, 현금흐름표, 주요 임원 명단 등 기업
운영 상황을 파악할 수 있는 다양한 자료가 포함되
어 있다. 이런 정보들이 필요할 때 찾아볼 만한 사
이트이다.

엔터주는 정말 취향이 아니었지만 빅히트엔터테인먼트 만큼은 좀 관심이 갔다. 상장을 앞둔 손에 꼽히는 대어라고 회자되고 있었다. BTS 말고는 이렇다 할 팀이 없음에도 불구하고 오가는 자산의 규모가 엄청났다. 군 면제 이야기까지 나오는 혁신적인 성과를 거둔, 빌보드 1위를 찍은 최초의 아이돌. 싸이의 '강남 스타일'과는 좀 다른 결을 지닌 결과였다. 코믹해서 이슈가 된 것이 아닌, 최근 몇 년간 그 역량을 충분히 주목받았고, 가능성이 있었고, 월드 투어다운 월드 투어를 할 수 있는 몇 안 되는 아이돌이었다. 대중문화 약소국 대한민국을, 프랑스어보다 더 많이 선택하는 제2외국어의 나라로 만들어준 역대급 아이돌.

이미 상장 전부터 당연히 난리였고, 빅히트엔터테인먼트에 투자한 넷마블의 주식도 수시로 출렁였다. 가족 간의 투자였음에도 말이다. 청약이 시작되었고, 예상대로 어마어마한 금액이 유입되었다. 일반 청약 경쟁률 606.97 대 1, 청약증거금 58조 4천3백 36억 원을 기록했다. 이미 청약이 시작되기 전, 카카오게임즈로 청약이 힘들다는 것은 너무나도 잘 알고 있었다. 1억을 묻어서 2주를 받을까 말까 하는 상황은 빅히트엔터테인먼트라고 다르지 않을 것 같았고, 청약증거금 58조 원은 그런 나의 예상을 그대로 현실로 만들었다. 차라리 상장하고 2주를 사는 게 낫지, 1억 원이 있을 리기 없지 않은가.

상장 당일. 아침밥을 먹다 신랑이 말했다. "빅히트 살까?", 이미 청약 이야기가 나올 때부터 빅히트엔터테인먼트의 주식을 사고 싶어 했었다. 아이를 어린이집에 데려다주고 온 시간은 이미 9시를 훌쩍 넘긴 후였다. 앱 속 차트는 동영상이었다. 무섭게 숫자가 올라가는 것이 보였다. 살 거면 빨리 사야 하는 거고 아니면 접어야 했다. 장 시작 전에 대기를 타뒀든지 말이다. 동영상으로 출렁이는 가격을 보던 우리는 각자의 마음속 일렁임을 감지했다. 그러고는 결국 딱 3일만 갖고 있어 보자 했다.

얼마 전에 본 미국 드라마〈빌리언스〉의 한 장면이 떠올랐다. 상장하는 어느 주스 회사의 주가가 드라마틱하게 올라갔고, 그걸 보는 대형 투자자들은 추가로 돈을 묻었다. 우린 몇십억을 묻을 능력은 없었지만, 당장 통장에 있는 몇십만 원의 현금을 넣고, 매수 주문을 넣었다. 매수도 쉽지 않았다. 매수 주문을 넣는 중에도 금액은 계속 변했다. 결국 34만 9천 원에 매수 주문을 넣고 나서야 주문이 체결되었다. 스마트폰을 손에 들고 있는데 주문이 체결되었음을 알리는 진동이 울리는 것을, 나는 썩 좋아하지 않는다. 늘 매수금을 넣어두고 얼마간 기다려야 체결이 됐지, 이렇게 숫자를 넣자마자 띵동 하고 일이 돌아가면 뭔가 손해 본 듯한 느낌을 지울 수가 없다. 그리고 그 슬픈 예감은 이내 현실이 되었다.

최근 주식을 시작한 시동생은 거기에 '왜' 돈을 넣느냐고 했다. 우린 3일만 넣었다 뺄 생각이라고 답했다. 최근 주목받은 기업의 상장은 대부분 그랬다. SK바이오팜도, 카카오게임즈도 상장한 첫날부터 최소 2~3일은 상한가였다. 큰돈을 벌 수는 없겠지만, 그래도 소소하게 여행 가서 맛있는 걸 사 먹는 데 도움이 되지 않을까? 싶은 생각에서 시작한 일이었다.

드라마 같은 일은 우리에게도 벌어졌다. 〈빌리언스〉의 그 주스 회사는 상장 당일 주가조작의 역풍으로 급격하게 떴다가 바로 바닥을 쳤고, 빅히트엔터테인먼트 역시 상장 직후 9시 30분경에 35만 1천 원을 기록한 이후 급격하게 떨어지기 시작했다. 그랬다. 우리는 딱 그 시점에 34만 9천 원에 샀고, 그날의 최고가는 35만 1천 원이었다. 우리는 완전 초상한가에 산것이다. 그래프상에서 아주 잠깐 높았던 저곳, 저 최고점을 우리가 샀다. 그리고 바로 드라마틱하게 미끄러졌다.

애초에 빅히트엔터테인먼트가 대단한 실적을 꾸준히 낼 것이라고 생각해서 매수를 결정한 것이 아니었다. 상장발. 딱 그것 하나 보고 들어간 거였다. 그런데 들어간 첫날부터 주당 10만 원이 날아갔다. 물론 우리가 산 주식은 고작 2주였다. 그것 이상은 살 능력도 없었고, 의지도 없었다. 하지만 우리에게 오늘의 10만 원은 엄청난 금액이다. 나는 육아휴직 중이고, 신랑은 코로나로 일이 끊긴 프리랜서이기 때문이다. 심지어 2주면 20만 원이다. 기사를 들여다볼 여유도 없이 그렇게 허망하게 하루가 갔다. 무섭게 금액이 빠졌고, 신랑은 결정을 해야 했다. 이 주식의 매수 결정은 신랑의 몫이었으니 매도 역시 신랑의 결정이어야 했다. 하루만 더 보자고 했고, 그 하루 사이 다시 주가는 떨어졌다. 우린 더 이상의 손실을 원하지 않았고, 바로 매도 결정을 했다. 34만 9천 원에 매수한 주식을 19만 7천5백 원에 매도했다. 손실은 총 30만 3천 원이었다. 30만 원이라니. 금쪽같은 30만 원이 날아갔다. 허공으로.

그간 내가 손해 보지 않고 팔았던 자질구레한 주식들을 떠올려보면, 손실은 났을지언정 몇 년이고 방치해 손실을 만회한 순간 팔았다. 일단 우리에게는 그럴 시간이 없고, 상장 당일 상종가를 쳤다가 시초가도 못 되는 돈으로 주가가 빠지는 경험을 한 이상, 기다리는 것은 큰 의미가 없어 보였다. 물로 이러다가 BTS의 군대 문제가 해결이 되기라도 하면 또 달라질지 모르겠지만 그러기엔 우리는 당장 저 돈이 필요한 사람들이다.

그렇게 허망하게 팔고 나서야 사람들의 글들을 읽을 엄두가 났다. 주식을 쥐고 있는 동안은 '왜?'라는 질문에 대한 답을 알면 알수록 불안할 것 같았다. 결혼자금으로 태어나 처음으로 주식을 샀고, 환불하고 싶다는 사람부터 전세금 빼고 투자한 사람, 대출받아 투자한 사람 등 사연도 가지가지였다. '아미'들이 한 주씩만 사도 가격 방어는 될 거라던 꿈 같은 이야기는 저 멀리 사라지고 없었다. 빅히트엔터테인먼트의 공모가 자체가 이미 고평가이며, 그 자체가 사기라는 말까지 나오기 시작했다. 청와대 청원까지 올라왔다. 공모가 평가가 공정한지를 처음부터 다시 차근차근 뜯어보라고.

희망공모가는 주식시장에 상장된 유사 종목들의 평균 PER(주가수익비율), PBR(주가순자산비율) 등을 바탕으로 정해진다. 희망공모가가 정해지면 기관투자자들을 대상으로 수요예측을 하고, 상장 주관사에서 예상 공모가를 기준으로 국내 투자자들의 수요예측 조사를 통해 공모가를 결정한다. 그러니까 딜리 말하면, 기업에서 나 10만 원짜리 주식을 팔고 싶소! 하고 나선다고 되는 것이 아니라는 뜻이다. 공모주 청약 이전에 기관투자자들이 해당 회사의 각종 투자 설명서나 자료들을 참고해 매입 희망 수량과 가격을 제시하는 것이고, 이 정보를 바탕으로 주식을 발행하는 회사와 상장을 주관하는 증권사의 협의하에 공모가격이 정해지는 것이다. 철저하게 수요와 공급의 논리이다.

매체에서도 모두가 대어로 손꼽았던 종목이었다. 매체에서 말하는 원인은 여러 가지가 있었다. 일단 기업의 비즈니스모델이 BTS 말고는 이렇다 할 대안이 없고, 매출이 기대보다 못하고, 다른 엔터주에 비해 고평가되어 있고, 상장 당일 주요 기관투자자를 제외한 기타 기업 투자자들이 가지고 있던 매물을 일거에 던졌다는 것. 실제 거래 내역을 보면 외국인, 기관계, 금융 투자, 기타 금융, 사모펀드 등 다양한 채널에서 이미 첫날 대거 매도했다. 상장 당일 거래량은 650만 주가 넘는다. 이 중 기관투자자들이나 사모펀드, 기타 금융/법인 등에서 내놓은 물량만 30만 주가 넘는다.

여기에 빅히트엔터테인먼트의 3대, 4대 주주인 스틱인베스트먼트와 메인스톤이 상장 당일부터 20일까지 매일 빅히트엔터테인먼트의 주식을 처분했다.

다들 비슷한 생각을 하고 있었던 거다. 개미도, 돈이 많은 투자자들도. 빅히트엔터테인먼트에 큰돈을 묻을 수는 있어도 긴 시간을 보유할 생각은 없다는 것. 그리고 그들의 행보를 실시간으로 파악하지 못한 개미들은 속절없이 아스러졌다. 아마 조금만 신경 썼으면 알 수 있었을 것이다. 어플에는 판매 동향을 파악할 수 있는 채널들이 분명 있다. 네이버 금융에만 들어가도 있다. 확인하면 되는 것이었는데 속된 말로 '눈이 멀었다'고밖에 볼 수 없는 나 같은 개미들이 기관투자자들이 일거에 던진 주식을 덥석 물어버린 것이다.

여기서 중요한 건 저 투자사들이 차익실현을 위해 어떤 노력을 했느냐가 아니다. 우리가 필요한 모든 정보는 이미 공개되어 있다는 사실이다. 어디에? 투자설명서에. DART(http://dart.fss.or.kr)에 들어가 빅히트엔터테인먼트를 검색하면 투자설명서, 증권신고서, 증권발행실적보고서 등 사전에 볼 수 있는 보고서들이 쌓여있다. 회원 가입도 필요 없다. 그냥 빅히트라고 검색만 해도 기업 정보가 다 노출되어 있다.

그중 증권발행실적보고서에 들어가면 청약 및 배정에 관련한 사항에 기관투자자의 의무 보유 확약 기간에 대한 안내도 나와 있다. 아무런 확약이 없어 상장하자마자 팔아치울 수 있는 주식이 90만 주가 넘고 전체 기관투자자 주식 보유량이 4백만 주가 좀 넘는 점을 감안할 때 전체 기관투자자 보유량의 20%에 달하는 엄청난 물량이다. 15일 후에 팔 수 있는 주식이 20만 주, 1개월 후에 팔 수 있는 주식도 130만 주가 넘는다. 언제든 대규모 물량 공세로 어마어마한 공급을 맞이할 가능성

[상장 후 유통가능물량 및 유통제한물량(희석가능주식 포함)]

구분	공모후 주주명부		유통제한물량		유통가능물량		매각제한 기간
	주식수	지분율	주식수	지분율	주식수	지분율	
보통주 (상장예정주식수)	33,846,192	95.01%	23,793,617	66.79%	10,052,575	28.22%	
상환전환우선주 (WELL BLINK LIMITED)	1,777,568	4.99%	888,784	2.49%	888,784	2.49%	상장일로부터 6개월(주3)
희석가능 주식 합계	35,623,760	100.00%	24,682,401	69.29%	10,941,359	30.71%	

주1) 상기 주식수 및 지분율은 우선주 포함 기준입니다.
주2) 당사의 전환상환우선주는 계약조건 상 한국거래소에 보통주가 상장될 경우 자동으로 전환되도록 되어 있으며, 구체적인 전환일자 및 전환절차는 전환상환우선주와 회사가 협의 및 쌍방 동의를 통하여 정하도록 되어 있습니다.
주3) WELL BLINK LIMITED는 유가증권시장 상장규정 상 의무보유예탁 대상자는 아니지만 전체 보유주식(1,777,568주)의 50%에 해당하는 888,784주에 대하여 상장일로부터 6개월간 자발적 계속보유확약에 동의하였습니다.

이 있었다는 뜻이다. 상장 첫날 거래된 물량은 150만 주가 넘었다. 공식적으로 기관투자자라고 지정된 사람이 아니어도 기타 투자자들의 물량까지 감안하면 상당수의 기존 투자자들이 주식을 시장에 내놨다는 뜻이다.

　이 내용이 어려워 보이겠지만 심플하다. 전체 주식의 물량은 3천만 주가 넘고, 이미 투자설명서상에서 예견된 추가될 주식의 수량도 177만 주가 확정되어 있다는 뜻이다. 상환전환우선주라는 주식을 가진 기업은 본인들의 보유 물량인 177만 주 중 절반은 상장 6개월 후부터 팔 수 있고, 나머지 절반은 본인들의 우선주가 추가상장된 후에 바로 매도가 가능하다는 것을 의미한다. 웰링크라는 회사가 가지고 있는 주식은 4년 전에 38억 원을 투자해 매수한 주식이다. 주당 2천 원대의 금액이다. 지금 시중에 빅히트엔터테인먼트의 주식은 10만 원이 넘는다. 얼마에 팔아도 이 회사에게는 크게 이문이 남는 장사가 된다. 그러면 1만 원에 팔건, 2만 원에 팔건 이들은 엄청난 시세차익을 얻게 될 테니, 가격이 더 낮아져도 공격적으로 매도를 시도할 것이다. 그 말은 앞으로 더 주가가 떨어질 수도 있다는 말이다.

중요한 것은 이 모든 정보가 비밀리에 진행된 것이 아닌, 투자설명서, 주식발행실적보고서 등등 각종 서류에 이미 다 공개되어 있다는 점이다. 우리는 알 수 있었다. 하지만 노력하지 않았고, 살펴보지 않았다. 어떤 일이 생길지 예측하지 않고 막연한 낙관으로 시장을 바라본 것이다.

주식 투자는 누가 등 떠밀어 하는 것이 아니다. '하이 리스크 하이 리턴'이라는 말이 적용되는 가장 역동적인 시장이 바로 주식시장이다. 그런 주식시장에 내 돈 10만 원을 묻으면 그 돈이 최악의 경우 영원히 사라지는 경험을 하게 될 각오까지 하고 들어가야 한다. 그런데 나는 그래도 상장하고 나서 2~3일은 수익이 날 거라는 안일한 생각으로 매수에 동의했던 것이다. 그런 안일함이 30만 원을 허공에 날리는 결과를 가져왔음을 뼈아프게 배웠다. 청원을 보면서 좀 답답했다. 기업에서 책정한 금액이 공모가가 높을 수는 있다. 하지만 그럼에도 불구하고 그 주식을 매수하기로 결정한 것은 바로 '나'다. 누구를 탓하거나 원망할 수 없는 세계이거늘, 청원이라니. 물론 나는 소심하고 가진 게 없어서 날린 돈이 30만 원에 불과했지만, 30만 원대에 매수해 전세금이, 대출금이, 아이의 미래 등록금이 반토막이 난 사람의 마음을 이해하지 못하는 것은 아니지만 그 얼마나 허망한 짓이란 말인가. 거래는 돌이킬 수 없다. 그 어떤 투자도 한번 손을 떠나면 절대 돌이킬 수 없고, 그러기에 신중해야 하고 또 공부를 해야 한다. 자료는 넘쳐나고, 내가 그걸 읽고 내용을 파악하기만 해도 줄일 수 있는 손실이었다.

　3일 만에 매도하고 매도 3일 후에 투자금을 회수했다. 물론 마이너스 금액이었고. 회수한 돈을 신랑에게 돌려주니 신랑이 웃으며 말했다. "그래도 당신 쓸거리 하나는 생겼다. 그치? 그거면 된 거라 생각하자." 값비싼 글을 내가 쓰고 있다. 가슴 아프게도 말이다.

기관투자자

소액투자자의 자금을 대규모로 집합한 후 이 자금을 주로 자본시장에서 운용하는 그룹을 기관투자자라고 보면 된다. 한국에서 손에 꼽히는 기관투자자는 국민연금이다. 국민이 내는 연금을 모아 다양한 방식으로 운용해 수익을 내면 그 수익금이 우리의 연금으로 만 65세 이후에 들어오는 구조다. 은행, 보험회사, 증권회사, 투자신탁회사 등 자금운용을 전문으로 하는 회사뿐 아니라 각종 기금을 운용하는 법인, 교직원공제회같이 공통의 기금을 운용해야 하는 법인 등이 기관투자자로 분류된다. 당연히 막대한 자금과 이를 통한 주식을 보유하고 있기 때문에 주주로 기업경영에 영향력을 미칠 수 있다.

사모펀드

소수의 투자자로부터 모은 자금을 운용하는 펀드
이다. 소수의 투자자로부터 모은 자금을 주식·채
권 등에 운용하는 펀드로, '투자신탁업법'에서는
100인 이하의 투자자, '자본시장법'은 49인 이하
(50인 미만)의 특정한 소수로부터 자금을 모아 운
용하는 펀드로 정의하고 있다. 보통 사모펀드는 수
익 추구를 최우선으로 하는 전문 투자형 사모펀드
인 헤지펀드, 회사 경영에 참여하여 기업가치에 중
점을 두는 경영 참여형 사모펀드인 PEF^{Private Equity}
^{Fund}로 나눌 수 있다. 개인 간의 거래이기 때문에 비
공개가 대부분이고, 금융감독기관의 감시를 받지
않으며 운용에 제한이 없다.

나와 남편은 결혼할 때 최대한 타이트한 예산으로 결혼 준비를 했다. 13평짜리 투룸 빌라에 전세를 들어가면서 거창한 가전제품은 살 이유도 공간도 없었다. 침대도 엄마가 쓰시던 돌침대를 가져왔고, 텔레비전도 없었다. 에어컨은 전에 살던 세입자가 부착해둔 걸 15만 원에 매입했고, 옷장과 식탁 등 가구에 1백만 원, 합쳐서 250만 원이 든 냉장고와 세탁기가 우리가 집에 들인 기물의 전부였다. 커플 적금이라며 한 달에 5~6만원씩 모아둔 돈에 조금 더 보태 작은 다이아몬드가 하나 박힌 심플한 금반지 하나씩 나눠 가진 것이 예물의 전부였다. 폐백도 제일 저렴하게 하고, 쓸 만한 정장 한 벌 값, 결혼식 당일에 내가 입을 드레스 대여비, 신혼여행비가 결혼 비용의 전부였다. 그래도 신혼여행은 욕심낸다고 쿠바를 가기로 하고서 남들이 1인당 5백만 원씩 가이드와 기사 붙여 여행 다닐 때, 발품 팔아 일정을 정리하고 숙소를 찾고 택시 흥정을 거듭하며 10일을 보냈다. 그렇게 다녀온 비용이 항공권까지 모두 합해 둘이 6백만 원. 아끼고 아껴서 준비했다 생각했지만 지금 생각하면 아낄 수 있는 것들은 분명 더 있었다.

언젠가 집을 산다. 아낄 수 있는 것은 아끼자. 소비 욕구와 허영심이 충만한 직장인 여자와 생각보다 알뜰한 프리랜서 남편의 조합이 만들어낸 첫 번째 계단이었다. 그런 계단을 좀 더 두툼하게 만들어볼 생각으로 시작한 게 주식이다.

주식이라면 치를 떨던 사람이 충동적으로 주식을 시작해 가진 돈을 야금야금 주식에 묻는 데까지 대략 4년이 걸렸다. 첫 시작은 넷플릭스에 돈을 계속 줄 거라면 넷플릭스 주식을 사자였다. 그런 마음으로 시작했다. 내가 돈을 쓸 정도의 물건이라면, 나만 갖고 싶지는 않겠지, 나 아닌 다른 누군가도 갖고 싶어질 물건을 계속 만들어내는 회사라면 장사가 잘 되겠지. 그렇게 장사가 잘 될 회사의 주식이라면 결과적으로는 오르겠지. 변방의 영화감독 손에 6백억을 쥐어줄 배포를 지닌 미국 회사라면 폭망이거나 폭락이거나 둘 중 하나겠지. 그럼 가보자. 그 흔한 명품백 하나 없이 40년을 살면서 이게 내 샤넬백이려니 생각하고 버틴 게 6년째라는 뜻이다.

물론 지금은 넷플릭스를 가지고 있지 않다. 3백 달러가 넘었을 때 처분했으니 말이다. 만약 내가 넷플릭스를 계속 가지고 있었다면, 투자금을 넷플릭스에 계속 몰빵했다면 어땠을까 가끔 생각한다. 대충 머리로 계산을 해보면 현재 수익률보다는 더 나았을 것 같다. 나의 현재 수익률은 투입된 자금의 2배가 채 안 되는 상태지만, 넷플릭스를 갖고 있었다면 최소한 수익률이 200%였겠지.

주식은 예측이 불가능한 세계였다. 내 주식 투자 원칙은 딱 세 가지였다. 첫째, 빚내지 않을 것. 둘째, 주식으로 번 돈은 주식에 다시 쓸 것. 셋째, 일희일비하지 않을 것. 앞의 두 가지는 대부분 잘 진행 중이지만 마지막 한 가지는 쉽게 되지 않았다. 우리는 코로나19를 맞이할 줄 몰랐고, 폭락과 폭등을 반복하는 시장을 1년 안에 다 보게 될 줄 몰랐다. 이 나이에 결혼을 하게 될지도 몰랐고, 아이를 낳게 될 줄 몰랐던 것처럼. 온라인에 글을 게

재하고 책까지 내게 될 줄 몰랐던 것처럼.

예상치 못한 상황을 버티는 가장 기본은 바로 돈이다. 나는 오랜 프리랜서 생활로 수시로 자금 상황을 체크하는 게 몸에 배어 있었고, 그건 직장에 들어가서도 여전했다. 아이가 언제 태어날지는 몰랐지만, 그래도 아이로 인해 언젠가 나의 경력과 수입이 멈출 수 있다는 것도 자명했다. 임신을 하고 휴직에 들어가기 전 10개월 간 내가 쓰게 될 돈과 받게 될 돈을 계속 기록하고 또 기록했다. 얼마를 쓰게 될지는 몰라도 얼마를 벌게 될지는 명확했다. 그리고 남편에게 말했다.

"우리 힘들어도 주식은 손대지 말자. 어떻게든 버텨보자. 아깝다, 이거."

이미 넷플릭스를 정리하고 아마존으로 갈아탄 시점이었다. 적지 않은 돈이 들어가 있었지만, 그 돈이 없어도 어떻게든 버틸 수 있을 것 같았다. 물론 예상과 같지는 않았다. 코로나는 생각보다 가혹했고, 육아휴직 수당은 턱없이 부족했다. 아이에게는 기저귀와 분유만 필요한 게 아니었다. 주식을 헐어보고 싶은 욕구는 수시로 올라왔다.

하지만 에르메스 백을 사는 마음으로 산 아마존 주

식은 매도 욕구를 털어내기에 꽤 괜찮았다. 2백만 원짜리 주식을 팔면 다시 살 수 없을 것 같다는 생각을 하게 만들었다. 큰돈이 아닌가. 우린 가구도 1백만 원밖에 안 들였고, 가전제품도 자잘한 걸 다 합해도 3백만 원을 안 넘긴 부부다. 1~2만 원짜리 주식이었으면 아마 조금씩 팔고 또 사면 되지,라고 생각했을지도 모르겠다. 하지만 이건 꽤 목돈이었고, 한번 뭉쳐진 돈은 헐어내면 모래성 허물어지듯 순식간에 무너질 게 뻔했다. 덩어리를 깨면 다시 못 뭉칠 것 같았다. 참았다. 참고 또 참았다. 2천 달러에 매수한 주식이 1천6백 달러까지 떨어지는 것을 목격할 때도 버텼다. 다시 생각하면 그때 한빈 매도하고 다시 매수해서 마이너스 수익을 만든 다음에 주식이 오르는 걸 기다렸다면 세금을 아끼는 기회는 되었겠지만 그때는 그런 것도 미처 모르는 상태였고 또 얼마나 회복될지도 알 수 없었다.

그렇게 버티던 나는 복직을 앞두고 자잘한 주식들을 정리하고 아마존도 매도했다. 그리고 테슬라를 매수했다. 액면분할을 하고도 한참이 오른 후의 결정이었지만 정기적인 수입이 생기자 기존의 투자 대상을 정리해야겠다는 생각이 들었다. 환율이 많이 내린 상태라 수익

금액에 다소 아쉬움은 있지만 그래도 2년은 쥐고 있었으니 정리해도 괜찮겠다 싶었다. 무엇보다 정기적인 수입이 생겼다는 점이 용감한 의사결정을 시도하는 데 동력을 주었다.

주식은 내 인생을 바꾸지는 못한다. 그러기에는 나는 너무 적은 돈을 묻어두고 있다. 큰돈이 큰돈을 부르는 투자시장에서 나의 돈은 너무 하잘것없다. 그럼에도 불구하고 주식 투자를 하는 이유는 이쯤 되니 작게나마 목표가 생겼기 때문이다. 나는 주식에 묻어둔 돈이 1억 원까지 통통하게 차오를 때까지 손대지 않을 생각이다. 한번은 그렇게 만들어보고 싶었다. 오롯이 내 손으로 이룬 1억 원. 그걸 이룬다면 그때부터 좀 다른 세상이 보일 것 같은 생각이 들었다. 돈은 뭉치로 굴러다니고 1백만 원이 3백만 원이 되고 다시 이게 5백만 원, 1천만 원이 되면 그때부터는 굴리는 돈의 단위가 1천만 원대로 올라가게 된다는 것을 주식을 통해 배웠다. 그렇게 뭉쳐진 돈이 허물어지지 않게 연구하고 관찰하고 지켜보는 과정을 반복하면 또다시 돈의 단위가 바뀔 수도 있다는 생각이 든다. 첫 시작은 3백만 원이었다. 내기에서 딴

돈 250만원에 보탠 50만 원. 그 돈에 살을 붙이고 또 붙여서 천천히 몇 년에 걸쳐 투자 금액, 혹은 수익 금액의 단위를 바꾸었다. 처음으로 낸 수익금은 30만원이었지만 그다음 매도로 인한 수익은 1백만 원 단위로 올라가 있었다. 매일 매수와 매도를 반복하지는 않지만, 최소한 이 회사가 어떤 사업을 펼치고 있는지, 그것이 세상에 어떤 영향력을 미치고 있는지는 주기적으로 검색하고 공부한다.

노동을 하지 않기에 자본소득이라 부른다. 하지만 그렇다고 공들이지 않고 아무 노력 없이 이루는 것은 아니었다. 미래를 예측할 수는 없어도 흐름을 지켜봐야 하고, 숫자에 민감해야 하고 사람들의 취향과 유행을 포착할 수 있어야 한다. 유상증자가 무엇인지, 감자가 무엇인지, 액면분할은 무엇이고 세금은 얼마나 어떤 근거로 발생하는지 전혀 모르고 주식을 시작하면 안된다. 주식은 나에게 인내심과 뚝심을 가르쳐주었고, 나와 나의 가족에게 당장에 효용을 발휘하는 큰 경제적 이익도 가져다주었지만, 미래를 지켜보고 관찰하는 버릇을 만들어주었다. 우리 부부의 대화에도 변화가 있었다. 공연과 전시, 관념적으로 아름다운 무언가에 집중되어 있던 주제에서 벗어나 차츰 실물의 가치, 돈에 대한 이야기의 비중이 늘어간다. 아이를 위해서도 긍정적인 변화라고 생각한다.

대출금이 내 월급 실수령액의 절반을 가져가고, 각종 금융 지출과 생활비를 제하면 내 손에 남는 돈은 출퇴근에 필요한 교통비와 식비뿐이다. 돈에 대한 욕심이 나기 시작했고, 그 욕심은 절약으로 이어지고 있다. 5만 원짜리 물건을 사면 삼성전자 주식 한 주가 날아간다고 생각한다. 테이블 하나를 집에 놓으면 저 테이블이 놓이는 자리는 1평이고, 내 집의 평당 가격만큼의 가치를 테이블 하나가 잡아먹는다고 생각하게 된다. 아이에게 들어가는 비용을 제외하고는 둘 다 참 안 쓰고 살려고 노력 중이고, 아이에게도 새것을 사주는 일보다는 중고로 적당히 쓰다 물려주는 정도의 수준에서 생활을 이어가고 있다. 아이에게도 뭐든지 새것만을 찾게는 가르치지 않을 생각이다. 돈에 대한 생각과 태도가 바뀌었고, 그로 인해 우리 가족의 미래도 조금씩 달라지고 있는 중이다.

주식 투자엔 정답이 없다. 모든 일이 예측대로 되지 않는다. 돈이 무엇인지 계속 공부하고 배우는 수밖에.

오직 준비만이 의미 있는 걸음이다. 손실을 최소화하려면 공부만이 살길이고, 공부의 방향이 반드시 복잡한 숫자만을 붙들고 있는 것이라 생각하지는 않는다. 다만 오답 노트는 이제 좀 그만 쓰는 팔자였으면, 특별한 재주나 행운 없이 몸으로 부딪히며 하는 공부는 여기까지이길 바랄 뿐이다.

코스피 vs 코스닥

일반적으로 말하는 '주식' 시장은 한국증권거래소를 통해 주식거래가 이루어진다. 대기업을 중심으로 상장된 주식시장이 코스피KOSPI, Korea Composite Stock Price Index이다. 이 시장 이외에 성장 가능성이 높은 벤처, 중소기업을 중심으로 형성된 시장이 코스닥KOSDAQ, Korea Securities Dealers Automated Quotation이다. 미국과 비교하자면 다우존스 산업지수와 나스닥의 차이로 비교해서 볼 수 있겠다. 코스닥은 IT, 바이오, 엔터테인먼트 등의 분야와 벤처기업의 자금조달을 위해 개설된 시장이라고 생각하면 된다.

매수/매도

주식을 사는 행위를 매수, 파는 행위를 매도라 한다. 매수와 매도는 꼭 주식에만 한정되어 쓰이는 단어는 아니다. 부동산에서도 사는 행위를 매수, 파는 행위를 매도라 하고 사는 사람을 매수인, 파는 사람을 매도인이라 부른다.

시가/종가

하루를 기준으로, 첫 주식거래가 시작된 금액을 시가, 주식거래 시장 마감 때 체결된 마지막 거래 금액을 종가라 한다.

체결/미체결

매수나 매도를 요청한 주식 주문이 완료되는 것은 체결, 반대로 매수나 매도 요청을 한 주식 주문이 완료되지 못한 것은 미체결이다. 주식거래 주문을 넣고 내가 신청한 거래가 체결되어 있는지 미체결 상태인지는 반드시 확인해야 한다. 미체결 상태가 유지되면 수량과 금액 모두 수정할 수 있다. 만약 오늘 장 마감까지 미체결 상태라면? 그 주식 주문은 자동으로 취소된다.

보통가란 장에 형성되는 가격을 보고 투자자가 직접 가격을 제시해 체결시키는 가격을 의미한다. 현재 1천 원에 거래되는 상황에서 매수자가 990원에 가격을 지정해서 주문을 내는 것을 '보통가 주문'이라고 한다. 또는 지정가매매라고도 한다. '시장가주문'은 가격을 지정하지 않고 수량만 지정하는 형태로 현재 거래가 되는 종목을 주문 시점에서 바로 체결되도록 하는 주문이다. 가격 무시하고 체결이 되도록 하는 것으로 팔려는 사람이 1천 원에 1백 주, 10,010원에 1백 주, 1,020원에 2백 주 매도 주문이 있다면 사려는 사람이 바로 체결시키기 위해 시장가로 3백 주 주문을 내면 가격 무시하고 우선 1천 원에 1백 주, 1,010원에 1백 주, 1,020원에 1백 주 체결이 바로 이루어지는 것이다. '조건부 지정가'는 일정한 가격을 정하고, 그 가격에 체결이 되면 주문이 끝나는 것으로 만약 종가까지 체결되지 않으면 종가 시, 시장가 주문으로 바뀌어 가격을 무시하고 체결되도록 하는 주문이다.

시간외종가매매란 오전 9시부터 오후 3시 30분까지의 정규 매매시간 이전, 혹은 이후에 진행되는 거래이다. 거래시간은 오전 8:30-08:40과 오후 15:40-16:00으로 정규 장 운영시간 직전과 직후이다. 체결 가격은 '장개시 전' 매매는 전일 종가가 기준이고 '장 종료 후' 매매는 당일 종가가 기준이다. 매수자와 매도자 서로가 매매를 하는 것으로 가격은 종가이기에 가격을 넣지 않고 수량만 지정한다. 시간외단일가매매는 근래에 신설된 매매 방식으로 15:30~16:00까지 거래가 되며 30분 단위로 매매가 이루어진나. 시간외종가는 종가 가격으로 매매를 하나, 시간외단일가 매매는 종가에서 ±5%내외에서 가격을 지정하여 매매할 수 있다.

시가총액(시총)

상장주식 주가의 총액이다. 전 상장주식을 시가로 평가한 금액. 전 상장종목별로 그날 종가에 상장주식수를 곱한 후 합계하여 산출한다. 회사의 규모를 파악하는 기준으로 활용되기도 한다. 기업의 규모가 크다는 것은 결국 일정 부분 안정성을 보장한다는 의미로 해석되기도 한다.

그날 거래된 주식 가격과 거래량을 곱한 값이다. 거래대금이 큰 경우는 2천 달러가 넘어가는 아마존이나 LG생활건강과 같이 단순하게 주식의 시가가 높은데 거래가 빈번한 경우, 주가는 높지 않지만 어떤 이슈로 거래량이 폭발하는 경우, 혹은 주가와 관련 없이 인기 종목이라 거래 자체가 빈번한 경우도 있다. 거래대금이 급증하는 경우 급증의 이유를 확인할 필요가 있다.

우리나라는 주식의 폭등이나 폭락을 막는 장치를 두어 투자자를 보호하고 있는데, 전날 종가의 30%를 상한/하한선으로 두고 그 폭을 넘는 거래를 막고 있다. 1만 원짜리 주식이라면 그 주식은 아무리 올라도 그날의 최종 가격이 1만 3천 원에서 그치는 것이며, 반대로 떨어져도 7천 원 이하로는 안 떨어진다는 의미이다. 미국은 상한가/하한가 제도가 없다. 폭등과 폭락의 경계를 수시로 오가는 구조다. 상종가를 거듭하는 종목을 찾아내는 것이 주식 투자자들의 꿈일 것이다. 1만 원에 시작한 주식이 열 번 연속 상종가를 맞이한다면 순식간에 10만 원대에 돌입하게 된다. 문제는 하한가인데, 보통 상종가가 반복되는 상황보다는 하한가가 더 빈번히 일어난다고 한다. 이유는 다양하다. 회사 대표의 횡령, 예상치 못한 악재, 회계 부정 등 좋지 않은 이슈는 좋은 이슈보다 훨씬 더 빠르게 가격에 반영된다.

예수금/증거금/미수금

주식거래에는 매수와 매도 모두 약간의 시간차가 발생한다. 이로 인해 나타나는 용어가 바로 예수금과 증거금이다. 예수금이란 자신의 증권 계좌에 입금되어 있는 현금이다. 문자 그대로 주식 매수를 위해 주식계좌에 넣어둔 돈이다. 증거금은 주식을 살 때 증거금율에 의해 먼저 빼가는 돈이다. 말하자면 예수금으로 1백만 원의 주식을 구매한다면, 이중 40만 원을 증거금으로 먼저 빼간다. 일종의 계약금 같은 존재다(매도한 경우에도 거래대금은 3일 후에 들어온다).

통장에는 실질적으로 60만 원의 돈이 남아 있게 되고, 3일 후에 나머지 금액을 마저 빼가는데 이때 남아 있는 60만 원이 미수금이다. 결제일 전 예수금에서 증거금을 빼고 남은 금액. 결국 거래를 위해 필요한 돈이지만 증권 거래 시스템상 3일 후에 상환하게 되는 돈이다. 최종적으로 60만 원의 미수금을 빼가기 전까지는 우리는 증권사에 60만 원을 빚진 셈이다.

그럼 통장에 이때 미수금에 해당하는 금액이 없다면 증권사는 어떻게 반응할까? 당연히 증권 계좌에 존재하는 또 다른 자산, 즉 주식을 강제로 팔아치워 60만 원의 미수금을 충당한다. 이를 반대매매라 한다. 내 의지와 상관없이, 주가가 얼마인지 얼마나 시세차익을 냈는지와 무관하게, 주식을 보유한 사람의 의사는 묻지도 따지지도 않고 일괄처리한다. 그러니 애초에 증거금만으로 거래하는 짓은 안 하는 것이 정신 건강과 통장 건강에 좋다.

손절/익절

주식을 손해를 보고 매도하면 손절, 이익을 보고 매도하면 익절이다. 당장 상장폐지될 예정인 종목과 같이 이후 미래를 기약하기 어려운 주식은 지금이라도 매도해서 손실을 최소화하기 위한 조치가 손절이다. 또 주식이 계속 수익을 내고 있지만, 언제 떨어질지 모르니 현재 상태에서 매도해서 그간의 수익을 현금화하는 것이 익절이라고 생각하면 된다. 어느 쪽도 미래의 일을 완벽하게 예측하기 어려운 주식 투자 시장에서 미래의 손실/수익을 감수하고 진행해야 하는 행위이다. 오늘 내다 팔았는데 급작스럽게 오를 수도, 혹은 내릴 수도 있는 게 주가니까.

주식 상장폐지

상장폐지란 주식시장에 상장된 기업이 상장 자격을 상실하는 것이다. 주가가 떨어져서 손해를 보더라도 기업이 존속하고, 또 상장 상태가 유지되어야 훗날을 도모할 수 있는데, 상장폐지는 회생 불능의 상태가 되는 것이다. 속된 말로 '깡통계좌'가 되는 것. 해당 기업의 주식 투자 금액 전액을 날리는 상황이 발생하는 매우 중대한 이슈이다.

경영상 중요한 결격사유가 발생해 투자자가 손실을 보거나, 증시 질서를 어지럽히는 경우 증권거래소가 증권관리위원회의 승인을 받아 강제로 해당 증권을 상장폐지한다. 물론 상장폐지에는 기준이 있고, 상장폐지전 단계에 관리종목 지정을 통해 기업이 회생할 시간, 투자자가 손절이나 어떤 의사결정을 할 시간을 준다.

상장폐지 사유에는 사업보고서 미제출, 감사인의 의견거절, 3년 이상 영업정지 처분, 부도 발생, 주식분산

미달, 자본 잠식 3년 이상, 기준 금액 이하의 매출액 등 여러 가지 요건이 있다. 사업보고서는 기업이 '우리 회사는 이렇게 건전하고 건강합니다'를 증명하는 서류라고 생각하면 된다. 투자자를 보호하기 위해 기업의 정보를 수시로 공개하는 것이 상장사의 의무라고 보면 된다. 그런데 주주 혹은 미래의 주주들에게 기업에 대한 정보를 공개하지 못하겠다는 것은 그 속이 썩어 문드러져서 차마 공개할 엄두가 안 나거나, 담당자가 까먹고 제출을 못 했을 경우 두 가지다. 전자의 경우는 어차피 관리종목에서 상장폐지의 길로 가게 되는 것이고, 혹시라도 있을 실수를 만회하기 위해 유예기간 동안 보고서를 제출하면 상장폐지는 면할 수 있다. 회계감사인이 감사보고서를 쓸 때는 보통 '이 회사는 이만저만한 조건을 다 갖추고 건전하게 기업경영을 하였음! 내가 보증함!'의 내용을 담은 감사 의견서를 감사에 첨부한다. 이런 의견을 내지 않았다는 감사를 담당하는 회계사가 '나는 차마 이 회사는 못 써먹겠다고는 못 하겠으니 입을 닫겠소'라고 말하는 것이라고 생각하면 된다. 회계상 큰 문제가 없는 한 의견을 달지 않거나, 부정적 의견을 내는 경우는 많지 않다. 3년 이상 영업정지, 부도 같은 요건들은 당연히 기업이 경영활동을 할 수 없다는 것을 의미하니 상장 자격을 박탈하는 것이다. 자본 잠식이란 말하자면 기업이 영업활동을 통해 순이익을 올려 자기자본을 확보해야 하는데, 자본금이 늘기는커녕, 가지고 있던 자기자본이 줄어드는 현상이다. 보통은 적자 때문이거나, 방만한 운영, 혹은 현금자산이 아닌 경우 자산가치가 급감한 경우 등이 영향을 미칠 수 있다.

결국 모든 요건들은 기업이 건강한 경영활동을 이어가고 있음을 보여주는 항목들이라고 생각하면 된다. 더는 방치할 수 없다고 판단될 때 증권거래소에서 관리종목으로 지정하고, 관리종목 지정 이후 유예기간 동안에도 문제들이 해결되지 않으면 상장폐지로 가는 것이다.

유가증권(거래소) 관리종목 지정 및 상장폐지 기준

구분	관리종목 지정(유가증권시장 상장규정 제47조)	상장폐지 기준(유가증권시장 상장규정 제48조)
정기보고서 미제출	- 법정제출기한(사업연도 경과 후 90일) 내 사업보고서 미제출 - 법정제출기한(분·반기 경과 후 45일 이내) 내 반기·분기 보고서 미제출	- 사업보고서 미제출로 관리종목 지정 후 법정제출기한 부터 10일 이내 사업보고서 미제출 - 반기·분기보고서 미제출로 관리종목 지정 후 사업·반기·분기보고서 미제출

감사인 의견 미달	- 감사보고서상 감사의견이 감사범위제한 한정인 경우 (연결감사보고서 포함) - 반기 검토보고서상 검토의 견이 부적정 또는 의견거절 인 경우	- 최근사업연도 감사보고서상 감사의견이 부적정 또는 의 견거절인 경우(연결감사보 고서 포함) - 2년 연속 감사보고서상 감 사의견이 감사범위 제한 한 정인 경우
자본 잠식	최근사업연도 사업보고서상 자본금 50% 이상 잠식 * 자본 잠식률 = (자본금-자 본총계) / 자본금 * 종속회사가 있는 경우 연결 재무제표상 자본금, 자본총 계(외부주주지분 제외)를 기 준으로 함	- 최근사업연도 사업보고서상 자본금 전액 잠식 - 자본금 50% 이상 잠식 2년 연속
주식분산 미달	- 최근사업연도 사업보고서상 일반주주수 200명 미만 또 는 최근사업연도 사업보고 서상 일반주주 지분율 5% 미만. 다만, 2백만 주 이상 인 경우 해당되지 않는 것으 로 간주	- 일반주주수 200명 미만 2년 연속 - 지분율 5% 미만 2년 연속. 다만, 2백만 주 이상인 경우 해당되지 않는 것으로 간주
거래량 미달	반기 월평균거래량이 반기말 현재 유동주식수의 1% 미만	2반기 연속 반기 월평균거래 량이 유동주식수의 1% 미만
지배구조 미달	- 사외이사수가 이사 총수의 1/4 미만 등 (자산총액 2조 원이상 법인의 경우 사외이 사 3인 이상, 이사 총수의 과반수 미충족) - 감사위원회 미설치 또는 사 외이사수가 감사 위원의 2/3 미만등(자산총액 2조 원이상 법인만 해당)	2년 연속 사외이사수 미달 또 는 감사위원회 미설치 등

공시의무 위반	최근 1년간 공시의무위반 누계벌점 15점 이상	- 관리종목 지정 후 최근 1년간 누계벌점이 15점 이상 추가 (상장적격성 실질심사) - 관리종목 지정 후 고의, 중과실로 공시의무 위반 (상장적격성 실질심사)
매출액 미달	최근사업연도 50억 원 미만 (지주회사의 경우 연결매출액 기준)	2년 연속 매출액 50억 원 미만
주가/ 시가총액 미달	- 주가가 액면가의 20% 미달 30일간 지속 - 시총 50억 원 미달 30일간 지속	관리종목 지정 후 90일 이내 관리지정사유 미해소
회생절차	회생절차 개시신청	- 회생절차기각, 취소, 불인가 등 (상장적격성 실질심사) - 기업의 계속성 등 상장법인으로서의 적격성이 인정되지 않는 경우 (상장적격성 실질심사)
파산신청	파산신청	법원의 파산선고 결정
기타 즉시퇴출 사유		- 최종부도 또는 은행거래정지 - 법률에 따른 해산사유 발생 - 주식양도에 제한을 두는 경우 - 당해법인이 지주회사의 완전자회사가 되고 지주회사의 주권이 신규상장되는 경우 - 우회상장시 우회상장 기준 위반

상장적격성 실질심사		- 주된 영업이 정지된 경우(분 기 매출액 5억 원 미달) - 주권의 상장 또는 상장폐지 와 관련한 제출서류의 내용 중 중요한 사항의 허위기재 또는 누락내용이 투자자보 호를 위하여 중요하다고 판 단되는 경우 - 기업의 계속성, 경영의 투명 성, 기타 공익과 투자자보호 등을 종합적으로 고려하여 상장폐지가 필요하다고 인 정되는 경우 ● 유상증자나 분할 등이 상 장폐지요건을 회피하기 위 한 것으로 인정되는 경우 ● 당해 법인에게 상당한 규 모의 재무적 손실을 가져올 것으로 인정되는 횡령·배임 등과 관련된 공시가 있거나 사실 등이 확인된 경우 ● 국내회계기준을 중대하게 위반하여 재무제표를 작성 한 사실이 확인되는 경우 주된 영업이 정지된 경우 ● 자본잠식에 따른 상장폐지 기준에 해당된 법인이 자구 감사보고서를 제출하여 상 장폐지사유를 해소한 경우 ● 거래소가 투자자보호를 위해 상장폐지가 필요하다 고 인정하는 경우

구분	관리종목	퇴출
매출액	최근년 30억 원 미만 (지주회사는 연결기준) 주의기술성장기업, 이익미실현기업은 각각 상장후 5년간 미적용	2년 연속 [실질심사] 이익미실현기업 관련, 관리종목지정 유예기간 중 최근 3사업연도 연속으로 매출액이 5억 원 미만이면서 전년 대비 100분의 50 이상의 매출액 감소가 공시 등을 통해 확인되는 경우
법인세비용차감전계속사업손실	자기자본50%이상(&10억 원이상)의 법인세비용차감전계속사업손실이 최근3년간 2회 이상(& 최근연도계속사업손실) 주의기술성장기업 상장후 3년간 미적용, 이익미실현 기업 상장후 5년 미적용	관리종목 지정후 자기자본 50%이상(&10억 원이상)의 법인세비용차감전계속사업손실 발생 [실질심사] 이익미실현기업 관련, 관리종목지정 유예기간 중 최근 3사업연도 연속으로 매출액이 5억 원 미만이면서 전년 대비 100분의 50 이상의 매출액 감소가 공시 등을 통해 확인되는 경우
장기영업손실	최근 4사업연도 영업손실(지주회사는 연결기준) 주의기술성장기업(기술성장기업부)은 미적용	[실질심사] 관리종목 지정 후 최근 사업연도 영업손실
자본잠식/자기자본	(A)사업연도(반기)말 자본 잠식률 50%이상 (B)사업연도(반기)말 자기자본 10억 원미만	최근년말 완전자본 잠식 A or C 후 사업연도(반기)말 자본 잠식률 50%이상 B or C 후 사업연도(반기)말

자본 잠식/ 자기자본	(C)반기보고서 제출기한 경과후 10일내 반기검토(감사)보고서 미제출 or 검토(감사)의견 부적정·의견거절·범위제한한정 주의자본 잠식율 = (자본금 - 자기자본) / 자본금 X 100	자기자본 10억 원미만 A or B or C 후 반기말 반기보고서 기한 경과후 10일내 미제출 or 감사의견 부적정·견거절·범위제한한정 [실질심사] 사업보고서 또는 반기보고서의 법정제출 기한까지 당해 상장폐지 기준 해당사실을 해소하였음을 입증하는 재무제표 및 이에 대한 감사인(정기재무제표에 대한 감사인과 동일한 감사인에 한함)의 감사보고서를 제출하는 경우
감사의견	반기보고서 부적정, 의견거절, 감사범위 제한으로 인한 한정	감사보고서 부적정·의견거절·범위제한한정
시가총액	보통주시가총액 40억 원미만 30일간 지속	관리종목 지정후 90일간 "연속10일 & 누적30일간 40억 원이상"의 조건을 미충족
거래량	분기 월평균거래량이 유동주식수의 1%에 미달 주의월간거래량 1만 주, 소액주주 300인이상이 20%이상 지분 보유 등은 적용배제	2분기 연속
지분분산	소액주주200인미만or소액주주지분20%미만 주의300인이상의 소액주주가 유동주식수의 10%이상으로서 1백만 주이상을 소유하는 경우는 적용배제	2년 연속

불성실공시	–	[실질심사] 1년간 불성실공시 벌점 15점 이상
공시서류	분기, 반기, 사업보고서 법정 제출기한 내 미제출	- 2년간 3회 분기, 반기, 사업 보고서 법정제출기한 내 미제출 - 사업보고서 제출기한 후 10일내 미제출 - 분기, 반기, 사업보고서 미제출상태유지 후 다음 회차에 미제출
사외이사 등	사외이사/감사위원회 요건 미충족	2년 연속
회생절차/파산신청	- 회생절차 개시 신청 - 파산신청	[실질심사] 개시신청기각, 결정취소, 회생계획 불인가등
기타 (즉시퇴출)	기타 상장폐지 사유 발생	- 최종부도 또는 은행거래정지 - 해산사유(피흡수합병, 파산선고) - 정관 등에 주식양도제한 두는 경우 - 유가증권시장 상장의 경우 - 우회상장시 우회상장관련 규정 위반시(심사종료전 기업결합완료 및 보호예수 위반 등)

정리매매

특정 종목의 상장폐지가 확정될 경우, 해당 주식을 보유한 사람이 주식을 정리할 수 있는 시간을 주는데, 이때의 매도를 정리매매라 한다. 이 경우 단일가 매매를 통해 30분 단위로 거래되며 가격제한폭이 없다. 정리매매 기간 동안 회사 측에서 소액투자자 보호 차원에서 자사주 매입을 하는 경우도 있다. 그러나 정리매매 기간을 허용할 경우 증권시장의 혼란이 확대될 우려가 있다고 판단되면 거래소에서 정리매매를 허용하지 않을 수 있다.

주식시장별 거래시간

1) 한국 증시 거래시간

정규시간		09:00 ~ 15:30 (1월 2일 10:00~15:30)
동시호가	장 시작 동시호가	08:30 ~ 09:00
	장 마감 동시호가	15:20 ~ 15:30
시간외 종가	장전 시간외 종가	08:30 ~ 08:40 (전일 종가로 거래)
	장후 시간외 종가	15:40 ~ 16:00 (당일 종가로 거래)
시간외 단일가		16:00 ~ 18:00 (10분 단위로 체결, 당일 종가대비 ±10% 가격으로 거래)

2) 외국 증시 거래시간

국가	현지 시간	한국 시간	GMT 대비
미국	09:30~16:00	23:30~06:00 (서머타임 적용시 한 시간씩 당겨짐)	-5
일본	09:00~11:30, 12:30~15:00	09:00~11:30, 12:30~15:00	+9
중국	09:30~11:30, 13:00~15:00	10:30~12:30, 14:00~16:00	+8
홍콩	09:30~12:00, 13:00~16:00	10:30~13:00, 14:00~17:00	+8
영국	08:00~16:30	17:00~01:30(서머타임 적용 시 한 시간씩 당겨짐)	0
독일	09:00~17:30	17:00~01:30(서머타임 적용 시 한 시간씩 당겨짐)	+1

3) 증시 개장/폐장일

국가	2020년 폐장일	2021년 개장일
한국	12월 30일 (수)	1월 4일 (월)
미국	12월 31일 (목)	1월 4일 (월)
일본	12월 31일 (목)	1월 4일 (월)
중국	12월 31일 (목)	1월 4일 (월)

홍콩	12월 31일 (목)	1월 4일 (월)
영국	12월 31일 (목)	1월 4일 (월)
독일	12월 31일 (목)	1월 4일 (월)

4) 증시 휴장일

구분	1월	2월	3월	4월	5월	6월	7월	8월	9월	10월	11월	12월
한국	1, 24, 27	–	–	15, 30	1, 5	6	–	–	30	1, 2, 9	–	25, 31
미국	1, 20	17	–	10	25	–	3	–	7	–	26	25
일본	1~3, 13	11, 23, 24	20	29	3~6	–	23, 24	10	21, 22	–	3, 23	31
중국	1, 24~30	–	–	4~6	1~5	25~27	–	–	–	1~8	–	–
홍콩	1, 27, 28	–	–	10, 13, 30	1	25	1	–	–	1, 2, 26	–	24, 25
영국	1	–	–	10, 13	8, 25	–	–	31	–	–	–	25, 28
독일	1	–	–	10, 13	1	1	–	–	–	–	–	24, 25, 31

펀드

펀드Fund란 불특정 다수로부터 모금한 자금을 운용해 나
온 실적을 투자자에게 배당하는 형태의 투자기금을 말
한다. 펀드의 수익률은 펀드를 처음 살 때의 '기준 가격'
에 따라 달라진다. 처음 자금이 들어간 시점을 기준으로
얼마나 올랐는가, 혹은 떨어졌는가에 따라 수익률이 달
라진다.

　　종류도 매우 다양하다. 운용자산 중 주식의 투자 비
중에 따라 자산의 60% 이상을 주식에 투자하도록 설계
된 주식형펀드, 주식 없이 채권에 60% 이상 투자하는
채권형펀드, 자산의 60% 미만을 주식에 투자하는 혼합
형펀드로 나뉜다. 투자 방식에 따라 나눠볼 수도 있는

데, 목돈을 한꺼번에 납입하는 거치식펀드, 일정 기간마다 일정 금액을 적금처럼 입금하는 적립식펀드, 최초 투자금을 넣고 이후 수시로 자유롭게 납입하는 임의식 펀드도 있다. 투자 지역 및 통화에 따라 나누어보자면, 원화로 국내 자산에 투자한 국내 펀드, 원화로 해외 자산에 투자한 해외펀드, 외국통화로 해외 자산에 투자한 역외펀드 등으로 나뉜다. 또 투자 철학에 따라 성장잠재력이 큰 주식에 집중투자하는 성장주 펀드와 기업 실적에 비해 저평가된 주식에 집중투자하는 가치주펀드로 나누기도 한다. 이외에도 공사채형과 주식형으로 나누어보면, 공사채형 펀드는 투자자금 예치 기간에 따라 초단기형·MMF형·단기형·중기형·장기형·2년 이상형·분리과세형 등으로 나뉘고, 주식형펀드의 경우에는 약관상의 주식편입비율에 따라 안정형·안정성장형·성장형·자산배분형·파생상품형 등으로 구분한다.

위탁자가 국내 투자자들과 외국 투자자들을 대상으로 수익증권을 발행하여 판매된 투자자금으로 국내 증권과 해외증권에 동시에 투자하는 매칭펀드, 벤처기업에 대한 투자를 목적으로 창업투자회사에서 결성하는 벤처펀드, 채권·주식·선물에 적절한 비율로 투자해

손실위험을 줄이는 원금보존형펀드, 한국 증권시장에서 투자활동을 할 수 있는 외국인들의 수익증권인 코리아 펀드, 수수료 없이 주식형에서 공사채 펀드로, 공사채 펀드에서 주식형으로 돌릴 수 있는 카멜레온펀드(전환형 펀드) 등이 있다.

더러 원금보존형펀드가 있기도 하지만, 대부분은 운용 실적에 따라 수익률이 달라지는 상품들이므로 원금손실의 가능성을 늘 염두에 두고 투자해야 한다. 또한 투자 목적과 기간을 계획한 후, 적합한 자산을 선정하고 해당 자산을 편입하는 펀드 상품을 찾아야 한다. 그래야 투자의 손실을 최대한 줄일 수 있다.

ISA(개인종합자산관리계좌)

ISA Individual Savings Account는 정책적으로 조성된 노후 자금 마련 상품이다. 다양한 금융상품을 한 계좌에 운용할 수 있도록 되어 있다. 2016년 출시되었으며 2021년 12월 31일까지만 한시적으로 은행, 증권사 등을 통해 가입이 가능하다. 근로자·자영업자·농어민에게 가입 기회가 있으며 소득이 없는 주부·학생이나 금융소득 종합과세 대상자(금융소득 2천만 원 초과자)는 가입이 불가능하다. 금융기관 통틀어 1개의 계좌만 개설할 수 있다.

ISA의 핵심은 수익의 일정 금액 이하는 비과세 혜택을 받을 수 있다는 점이다. 매년 2천만 원씩 5년간 1억 원까지 납입이 가능한데, 이익과 손실을 합해 최종적으로 수익 금액 2백만 원까지는 비과세이다. 의무 납입 기간은 5년이며 중도해지 시에는 비과세 혜택이 사라져 수익의 15.4%의 세금을 내야 한다.

간단하게 정리하면 ISA는 정부가 노후 자금 적립을 위한 5년 비과세 상품을 한시적으로 만들어준 것이다. 상품에 따라 운용사 수수료가 다 다르기 때문에 상품 구성을 잘 확인하고 선택해야 한다.

IRP(개인형퇴직연금)

직장에 다니는 사람이라면 누구나 퇴직금을 받는다. 퇴직금이란 1년에 한 번씩 급여 대비 일정 금액이 자동 적립되는 것이다. 예전에는 현금이 차곡차곡 쌓이는 구조였다면 이제는 본인이 직접 개인퇴직계좌(IRA)를 통해 자신이 원하는 방법으로 운용할 수 있다. 그리고 궁극적으로는 이 수익금을 연금의 형태로 수령할 수 있게 되어 있어서, 퇴직 이후에 노후 자금 대비를 위해 남겨두게끔 만들어진 제도라고 생각하면 된다. 근로자가 이직 혹은 퇴직을 하더라도 퇴직금을 직접 수령하는 것이 아니라 근로자 본인 명의로 개설된 퇴직연금 계좌에 적립해두고 만 55세 이후에 연금으로 수령할 수 있다. 회사에서 제공하는 퇴직금 외에 추가로 개인이 불입할 수도 있다. 연간 최대 1천8백만 원까지 추가 납입이 가능한데 그중 7백만 원까지는 세액공제가 가능하다.

CMA

투자신탁, 증권사 등에서 가입할 수 있는 CMA^{Cash Management Account}는 수익성이 높은 상품에 투자하는 상품이다. 일반 자유 입출입 통장과 사용이 다르지는 않으나, 자금 운용 방식이 은행과 다르다. 수익성이 좋은 기업어음, 단기국공채, 양도성예금증서 등의 상품을 운용해 발생한 수익금을 투자자에게 돌려주는 방식으로 운영된다. 자유로운 입출금이 가능하기 때문에 사용이 편리하고, 자동 납부, 급여 이체 등의 기능도 있다. 단기간 예치해도 이자가 일반은행 자유 입출금에 비해 금리가 높은 편이다. 다만 은행과 달리 CMA를 다루는 종합금융회사는 예금자보호법이 적용되지 않아 손실의 위험이 있다. 여유자금을 운영하는 데 적합한 상품이다.

MMF_{Money Market Fund}란 단기금융상품에 집중투자하는 초단기공사채형상품이다. 투자자의 돈을 주로 금리가 높은 CP(기업어음), CD(양도성예금증서), 콜 등 단기금융상품에 집중투자하여 여기서 얻는 수익을 되돌려주는 실적배당 상품이다.

MMF는 가입 금액에 제한이 없고, 소액 투자도 가능하며, 투자금을 입금하고 하루 만에 되찾아도 환매수수료가 없다. 만기도 따로 정해져 있지 않고, 고객이 MMF에 가입한 날의 펀드 기준 가격과 출금한 날의 기준 가격 차이에 따라 수익을 계산하게 된다.

MMF도 종료가 여러 가지인데, 회사채나 기업어음에 투자하는 MMF와 안정성이 높은 국공채 등에만 투자하는 국공채 전용 MMF 등이 있다. 국공채 위주 MMF펀드 수익률은 다른 MMF펀드에 비해 다소 낮지만 안정성이 높다.

인덱스펀드

주가지수의 움직임과 연동되도록 구성된 포트폴리오로 운영하는 펀드가 인덱스펀드다. 쉽게 말해 주가지표의 움직임과 동일하게 움직이는 펀드라고 생각하면 된다. 인덱스펀드를 코스피지수 2,000이었을 때 매입했다고 가정해보자. 경기가 흥해 코스피가 2,400을 뚫고 올라가며 나의 수익률도 함께 올라간다. 그러나 유가가 출렁이거나, 코로나 같은 국가적인 사태로 인해 코스피지수가 1,600으로 떨어진다면 나의 수익률도 그만큼 낮아지는 구조라고 생각하면 된다.

국내에서 발표되는 인덱스펀드는 ①코스피지수 Korea Composite Stock Price Index ②코스피200지수 ③한경지수 ④매경지수 등이 있다. 이중 가입하는 인덱스펀드가 어느 지수를 기준으로 움직이는지를 보고 매입 여부를 결정하면 된다. 주식이나 펀드가 너무 어렵고 복잡해서 따라가기 힘들다면 코스피지수를 기준으로 하는 인덱스펀드는 상대적으로 수익률에 대한 가늠을 하기 쉽다. 코스피가 연내에 얼마까지 오를 것 같다던가, 혹은 떨어질 거 같다든지 하는 식의 예측들은 기업 개별 정보에 비해 훨씬 접근하기가 쉽다. 인덱스펀드 자체가 주가지수와 거의 유사하게 움직이게끔 구성된 포트폴리오를 사는 것이나 자연스럽게 분산투자를 하는 셈이 된다고 생각하면 된다. 주식을 직접 투자하거나 매매하면서 드는 각종 비용들이 절감되고, 다른 펀드들에 비해 상대적으로 저렴한 운영비용이 든다. 다만 종목 구성을 내가 직접 할 수 없고, 상대적으로 수익률이 낮을 수 있다.

ELS(주가연계증권)

ELS Equity Linked Securities는 파생상품 증권 중 하나로 투자금의 대부분을 채권 등 원금 보장이 가능한 안전자산에 투자하고, 나머지 소액으로 주가지수나 개별종목에 투자해 안정성 확보와 높은 수익률의 두 마리 토끼를 잡을 수 있는 상품이다. '기초자산' 투자와 '파생상품' 투자가 혼합되어 있는 구조인데, 안정성이 높은 채권, 주식 지수 관련 상품으로 구성된 기초자산이 일정한 조건을 충족하면 약정한 수익을 지급하는 상품이다. ELS는 일정 목표를 달성해야 수익을 내는 구조이기 때문에 수익 창출 구조에 따라 상품도 다양하다. 물론 투자상품인 만큼 조건에 따라 손실이 있을 수 있으나 상대적으로 위험도가 낮은 편이다. 등과 수익성이 높은 선물, 옵션 등의 상품이 혼합되어 있는 형태라고 생각하면 된다. ELS는 기초자산의 종류에 따라 지수형, 종목형, 혼합형 등으로 나뉜다.

주가연계상품을 가입할 때는 가입 기간(만기)이 정해져 있다. 그러나 우리는 언제 어떻게 돈을 쓰게 될지 모르므로 중간에 환매하여 현금을 사용해야 할 수도 있다. 그럴 경우를 대비해 중도환매 수수료도 확인해야 한다. 상품에 따라 중도환매 수수료가 70%에 달하는 경우도 있으니 신중해야 한다. 또한 기대수익률, 원금 보장 여부, 조기상환 조건, 투자 대상 등 상품의 조건이 매우 다양한 만큼 공부가 필요한 상품이기도 하다. 여기에 하나 더 놓치지 말아야 할 것은 바로 세금. 주가연계상품은 세전 수익 기준으로 15.4%의 세금을 내야 한다. 상품 가입 시 세금 우대 지정 여부도 확인해볼 필요가 있다.

부동산 리츠

부동산 리츠REITs, Real Estate Investment Trusts는 부동산을 활용한 간접투자상품이다. 펀드의 일종으로 소액의 자금으로 고가의 부동산에 투자할 수 있다는 것이 장점이다. 투자회사는 소액투자자들로부터 모은 자금을 부동산 관련 대출 등에 투자하고 수익을 투자자들에게 배분한다. 일반적인 펀드가 주식, 채권 등 유가증권에 투자한다면, 리츠는 부동산에 투자한다는 것이 다른 것이다.

리츠는 투자자에게 정기적으로 배당수익을 제공해야 한다. 그래서 주로 임대수익이 안정적으로 발생하는 상업용 부동산을 투자 대상으로 한다. 리츠의 지분은 일종의 주식으로, 대부분 증권거래소에 상장된다. 리츠에 투자한다는 것은 개별 투자상품의 지분을 소유하는 것이다. 리츠는 소액투자자를 대상으로 하기 때문에 일반인도 1백~2백만 원씩 소액자금으로 부동산에 간접적으로 투자할 수 있다. 주식 형태로 거래되기 때문에 투자자금을 언제든지 매각이 가능해 손쉽게 현금화할 수 있다는 장점이 있다. 또한 주식과는 달리, 부동산이라는 실물자산에 투자했기 때문에 가격이 안정적이다. 리츠가 운영되는 방식은 여러 가지이다. 직접 부동산을 사거나, 건물을 지어 임대 사업을 하는 경우, 부동산을 담보로 발행하는 주택저당증권에 투자하는 경우, 부동산 개발에 자금을 지원하는 프로젝트 파이낸싱에 참여하는 경우 등 다양하다.

부동산 리츠의 장점은 보통 임대수익이 있는 부동

산에 투자해 임대수익의 일부를 배당소득으로 받게 된다. 의무 배당률이 높아 주식에 비해 높은 수익을 얻을 수 있다. 주식과 부동산의 수익 구조는 매우 다르고, 그 둘의 상관관계를 무시할 수는 없지만 작동 원인이 다르다. 기존에 많이 진행하는 펀드나 직접 투자와는 다른 투자 채널을 개발한다는 것은 자금 운용에 위험도를 낮추는 효과가 있다. 또 리츠는 일반 회사에 비해 부채비율이 낮아 상대적으로 부도 위험이 낮은 편이다. 가격 변동이 주식처럼 심하지 않다는 점도 안정적인 수익 유지에 도움이 된다.

그렇다고 해서 리츠가 무조건 안전하고 좋은 것만은 아니다. 부동산 시장이 폭락할 경우, 관련 펀드의 수익률이 큰 폭으로 하락할 수 있다. 리츠가 투자 대상으로 하는 부동산의 자산 가치, 인근의 상권의 발전성 등 자산가치가 하락할 여지가 있는지를 검토하고 시작해야 한다. 또한 운용사의 신뢰도, 자산운용 능력도 중요하다. 또한 부동산 임대수익을 기반으로 하는 투자상품인 만큼, 임대 사업 분야가 불황인지 호황인지도 지켜보아야 할 것이다.

ETF

ETF^{Exchange Traded Fund}는 일종의 인덱스펀드를 거래소에 상장시켜둔 투자상품이라고 생각하면 된다. 개별 주식을 고르는 수고를 하지 않아도 되는 펀드의 장점과 언제든 시장에서 원하는 가격에 거래할 수 있는 주식 투자의 장점을 모두 가지고 있는 상품으로 인덱스펀드와 주식이 혼합된 형태이다. 인덱스펀드가 주가지수 등 주식 관련 주요 지수와 수익률을 연계시킨 개념이라면, ETF는 여기에 거래의 편의성까지 얹어놓은 셈이다. 각종 시장 지수를 추종하는 ETF 외에도 배당주, 거치주 등 다양한 스타일의 ETF가 있다.

만약 본인이 선택한 지수가 상승할 것이라고 예측이 된다면, 시장지수 ETF나 레버리지 ETF를 선택하면 되고, 시장이 하락할 것이라고 생각하면 인버스 ETF에 투자하면 된다. 산업 섹터별 투자도 가능하고, 대형주, 중형주, 가치주, 성장주 등 스타일별로도 선택할 수 있다. 금이나 원유 같은 선물투자형 EFT도 있다.

ETF는 주식처럼 사고팔지만 주식을 매도할 때 내야 하는 증권거래세가 없다. 주식을 파는 사람은 양도가액의

0.25%를 증권거래세로 정부에 내야 하는데 ETF는 이 증권거래세를 면제해준다. 주식과 비슷하게 거래되기 때문에 실시간 매매도 가능하고 가격변동도 주식처럼 매일 변한다. 운영 상황을 매일 확인하기도 좋다. 주식형 펀드가 연 1% 내외의 수수료(운용 보수)를 내야 하는데 반해, ETF는 0.4% 정도의 수수료만 내면 되서 상대적으로 비용이 낮은 편이다. 또한 펀드의 경우는 매수하고 90일 이내에 팔 경우 환매수수료가 발생하는데 ETF는 환매수수료 없이 자유롭게 매도 가능하다. 주식 거래용 계좌로 ETF 매매가 가능하며 증권회사에서 거래를 해야 하기 때문에 주식매매 수수료는 발생한다. 수수료 면제 이벤트 같은 항목을 활용하면 이런 비용을 아낄 수 있다.

다른 펀드와 마찬가지로 소액 투자에 유리한 구조이고, 주식처럼 거래가 되니 환금성도 높은 편이다. 펀드 운용 내역도 비교적 투명하게 관리되고 해외투자도 손쉽게 할 수 있다. 하지만 거래 규모가 작아 매매 체결이 주식처럼 즉각적이지 않을 수 있으니 이 점은 감안해야 한다.

비과세가 적용되는 ETF는 국내 주식가격을 그대로

추적하는 ETF를 제외한 모든 TF는 배당소득세를 내야 한다. 물론 배당소득세를 내는 기준인 과세표준이 수익의 전액이 아닌, 비과세 되는 부분에서의 이익은 제외한 금액으로 책정되기 때문에 세금은 상대적으로 적은 편이다.

언니는 주식으로 흥하는 중

1판 1쇄 발행 2021년 2월 3일

지은이 · 김옥진
펴낸이 · 주연선

총괄이사 · 이진희
책임편집 · 허단
표지 및 본문 디자인 · 손주영
마케팅 · 장병수 김진겸 이선행 강원모 정혜윤
관리 · 김두만 유효정 박초희

(주)은행나무
04035 서울특별시 마포구 양화로11길 54
전화 · 02)3143-0651~3 | 팩스 · 02)3143-0654
신고번호 · 제 1997-000168호(1997. 12. 12)
www.ehbook.co.kr
ehbook@ehbook.co.kr

ISBN 979-11-91071-32-0 03320